U0818302

创建语文教学课型
提高课堂教学效率

魏书生
二〇一七年五月六日

语文教学艺术的精彩演绎

——孙春成语文课型理论写真与欣赏

刘毅　编著

山西出版传媒集团
山西教育出版社

图书在版编目（CIP）数据

语文教学艺术的精彩演绎：孙春成语文课型理论写真与欣赏/刘毅编著．—太原：山西教育出版社，2017.12

ISBN 978-7-5440-9534-1

Ⅰ．①语… Ⅱ．①刘… Ⅲ．①语文课—教案（教育）—中小学 Ⅳ．①G633.302

中国版本图书馆 CIP 数据核字（2017）第 279134 号

语文教学艺术的精彩演绎

YUWEN JIAOXUE YISHU DE JINGCAI YANYI

责任编辑 杨 文
复　　审 康 健
终　　审 彭琼梅
封面设计 孙 超
内文设计 薛 菲
印装监制 蔡 洁

出版发行 山西出版传媒集团·山西教育出版社
（太原市水西门街馒头巷7号 电话：0351-4729801 邮编：030002）
印　　装 山西新华印业有限公司
开　　本 720 mm×1020 mm 1/16
印　　张 13
字　　数 225千字
版　　次 2017年12月第1版 2017年12月山西第1次印刷
印　　数 1—4 000册
书　　号 ISBN 978-7-5440-9534-1
定　　价 35.00元

如发现印装质量问题，影响阅读，请与印刷厂联系调换。电话：0351-4120948

序言　越努力，越幸运！

孙春成

客观地说，在我们深圳市龙岗区初中语文教师队伍里，刘毅的教学基础不是最好的，起点也不是最高的。记得我第一次听他讲课，印象特别深：教学设计，前紧后松，虎头蛇尾；教学内容，散乱无章，没有重点；教学态度，大大咧咧，比较随便。说实话，我当时并没看出他有多大的奔头。可是，起点并不等于终点，成功往往属于那些永不服输、永不懈怠、永不放弃、永远努力的人。

2008年，我任深圳市龙岗区初中语文教研员后，就开始了语文教学课型的专题探究，并结合深圳市和广东省两年一届的初中语文课堂教学大赛的主题，以两年为一个周期，一个周期探索一种课型。在课型探究过程中，我率先拿出课型方案试教，反复试教，寻找规律。所以，送课下校对我来说是家常便饭。我每次送课下校，都会在龙岗区初中语文中心组成员QQ群里发个帖子，刘毅几乎一次不落地跟着听我的课，并做详细的笔记。后来，他干脆扛着摄像机，摄录下我教的课。问他原因，他笑着说："这样便于我回去反复学习研究。"

在我生日之际，他把这本《语文教学艺术的精彩演绎——孙春成语文课型理论写真与欣赏》书稿呈我审阅，说山西教育出版社准备出版，并请我为书作序，我被震撼了！他告诉我，这本书就是他近几年跟随我学习的结晶，也是送给我最好的生日礼物。于是，我感动了！这本书无疑是对拙著《语文教学十大创新课型》的丰富和补充，课例从数量上说比我的还多5课；也是对拙著《语文教学十大创新课型》的发展，课型比我的还多两个课型！刘毅做了我想做、但还没来得及做的非常有意义的研究和总结工作，从这个意义上说，我的确应该感谢刘毅的付出和辛劳。刘毅送给我的生日礼物太珍贵了！

我经常和刘毅等年轻教师在一起探讨语文教学规律，互相启发，从中也获益匪浅。在探讨童话寓言教学的规律时，我们总结出了“童话寓言三析法课型”规律；在探讨语文课堂教学的标准时，我撰写发表了论文《语文课堂教学评价需要“标准化”》。

2014 年，刘毅参加深圳市初中语文童话寓言教学比赛，获得冠军；随后又在广东省初中语文童话寓言教学优秀课例观摩活动中执教童话《谁是最幸运的》，并一举夺魁。2016 年，刘毅代表广东省参加全国第三届初中语文教师教学基本功比赛，获得二等奖。这一路过五关、斩六将地拼搏过来，收获的其实就是他的努力！功夫不负有心人！

“唐宋八大家”之一的韩愈有句治学名言：“书山有路勤为径，学海无涯苦作舟。”意思是，如果你想成功到达高耸入云的知识山峰的顶端，勤奋就是那登顶的唯一路径；如果你想在无边无际的知识海洋里畅游，耐心、竭力、刻苦的学习态度将是一艘前行的船，能够载你驶向成功的彼岸。在读书、学习的道路上，没有捷径可走，也没有顺风船可驶。如果你想要在广博的书山学海中汲取更多更广的知识，勤奋和刻苦是两个必不可少的、也是最佳的条件。这句诗作为座右铭曾激励着一代又一代的年轻人。学习上哪怕有些费力，但是只要勤奋努力，就会有所收获，走向成功。教学又何尝不是如此呢？刘毅老师的成长就很好地证明了这一点。实践证明，在深圳市龙岗区初中语文教师队伍里，刘毅的确是一个特别努力特别勤奋的人。他的努力和勤奋令人感动，他的努力和勤奋收获累累！

在广东省初中语文童话寓言教学优秀课例观摩活动中，刘毅老师和学生探讨“怎样才能成为一个最幸运的人”时达成了共识：越努力，越幸运！我看此话就很适合刘毅老师。试想，一个三十来岁的小伙子，能在教学上取得如此佳绩，不努力何来幸运？我必须要为刘毅点赞！我觉得年轻教师应该学习刘毅的钻劲、韧劲和拼劲！

2017 年 6 月

目　录

第一章　长文短教主旨段落教学课型 …… 1
《我的叔叔于勒》教学实录 …… 1
教学艺术欣赏：大胆取舍，一课一得！ …… 8

第二章　文言文四步骤教学课型 …… 10
《湖心亭看雪》教学实录 …… 10
教学艺术欣赏：自主探究，贵在落实 …… 20
《爱莲说》教学实录 …… 21
教学艺术欣赏：创新才是硬道理！ …… 29

第三章　古典诗词四环节教学课型 …… 31
《雨霖铃·寒蝉凄切》教学实录 …… 31
教学艺术欣赏：贵在意境 …… 39

第四章　现代文阅读教学三板块课型 …… 41
《伟大的悲剧》教学实录 …… 41
教学艺术欣赏：悲剧何其伟大？ …… 51
《春》教学实录 …… 53
教学艺术欣赏：让学生进行独立的脑力劳动 …… 62

第五章　童话寓言三析法课型 …… 66
《赫耳墨斯和雕像者》教学实录 …… 66

教学艺术欣赏：短文长教，匠心独运 …… 75

第六章 名著导读课型 …… 78
《简·爱》教学实录 …… 78
教学艺术欣赏：蒙太奇手法的妙用 …… 86
《童年》教学实录 …… 88
教学艺术欣赏：凤凰涅槃，浴火重生 …… 101

第七章 议论文逐层剖析法课型 …… 105
《中国人失掉自信力了吗》教学实录 …… 105
教学艺术欣赏：逐层剖析，直抵结论 …… 111

第八章 猜读续写作文教学课型 …… 113
《不肯长大的小泰莱莎》教学实录 …… 113
教学艺术欣赏：想象力比知识更重要 …… 127

第九章 说明文三学课型 …… 130
《故宫博物院》教学实录 …… 130
教学艺术欣赏：举重若轻，突出重点 …… 138

第十章 四环节语文教学艺术课型 …… 140
《一棵小桃树》教学实录 …… 140
教学艺术欣赏：大胆处理教材，重新塑造课型 …… 149

第十一章 指导学生互相评改作文课型 …… 151
《一件小事》教学实录 …… 151
教学艺术欣赏：将语文老师从繁重的作文批改中解放出来！ …… 157

第十二章　专题性复习课型 ………………………………………… 159
“修改病句专题课”教学实录 ………………………………………… 159
教学艺术欣赏：做练习是专题性复习课的主旋律 ………………… 161

附录一　《谁是最幸运的》教学实录 ………………………………… 163
附录二　《谁是最幸运的》教学点评 ………………………………… 173
附录三　谁是最幸运的（安徒生） …………………………………… 175
附录四　艺术活动的写真，科学思辨的结晶
——评孙春成《语文教学十大创新课型》 ………………… 179
附录五　刍议孙春成语文教学课型的创新性 ……………………… 181
附录六　语文教学要以人文本！
——听孙春成老师教学《骆驼祥子》有感 ………………… 185
附录七　马哈维亚与我的师父孙春成
——印度电影《摔跤吧！爸爸》观感………………………… 189

后记　教海无涯苦作舟 ………………………………………………… 192

第一章　长文短教主旨段落教学课型

《我的叔叔于勒》教学实录

时间：2009年10月15日（周四）上午9：00—9：40

地点：深圳市龙岗区南联学校

学生：九年级6班

主题：教研员示范课

执教：孙春成

整理：刘毅

【屏显两段话】

1.“可是他什么衣服也没有穿啊!”一个小孩子最后叫了出来。“上帝哟，你听这个天真的声音!”爸爸说。

——安徒生《皇帝的新装》

2. 秦王怫然怒，谓唐雎曰：“公亦尝闻天子之怒乎?”唐雎对曰：“臣未尝闻也。”秦王曰：“天子之怒，伏尸百万，流血千里。”唐雎曰：“大王尝闻布衣之怒乎?”

——《唐雎不辱使命》(《战国策》)

师：谁给大家朗读一下这两段话?

生1：(朗读)

师：他读得怎样?

生2：一般。

师：为何这样说?

生2：他读得没感情，没读出人物内心的情感。

师：哦，很有见地呀！要不你试试?

生2：（有感情地朗读）

生（齐）：（掌声）

师：大家的掌声已经说明了一切！你读得很棒！

师：这两段文字运用了什么描写手法呢？

生（齐）：语言描写手法。

师：完全正确！

【屏显】

知识卡片：语言描写

语言描写是塑造人物形象的重要手段。成功的语言描写总是：

一、鲜明地展示人物的性格；

二、生动地表现人物的思想感情；

三、深刻地反映人物的内心世界；

四、使读者获得深刻的印象，达到“如闻其声，如见其人”的艺术效果。

师：《我的叔叔于勒》这篇短篇小说，是莫泊桑的代表作之一，值得我们学习的地方很多。不过，我们今天这堂课，侧重来学习这篇小说的语言描写。

师：学习之前，我先检查一下大家的预习情况。

【屏显】

检查预习：请用最精练的语言概括这篇小说的情节。

（经过简单互动交流得出结论）

开端→盼见于勒

发展→遇见于勒

高潮→躲避于勒

结局→躲过于勒

师：很好。看来同学们对这篇小说讲了什么故事已经了如指掌。

【屏显】

请从文中找出你最欣赏的语言描写，解读给大家，分享一下自己的观点。

生3：我比较欣赏这段话：“我就知道这个贼是不会有出息的，早晚会回来重新拖累我们的。现在把钱交给若瑟夫，叫他去把牡蛎钱付清。已经够倒霉的了，要是被那个讨饭的认出来，这船上可就热闹了。咱们到那头去，注意别叫那人挨近我们！”这句话与前面那句“唉！如果于勒竟在这只船上，那会叫人多么惊喜呀！”形成了鲜明的对比，突出了母亲唯利是图、用金钱衡量一切的性格。

父母原先对于勒叔叔的到来是盼望的，后来看到于勒叔叔落魄的样子避之唯恐不及，前后形成了鲜明的对比。从“拖累”“不会有出息”可以看出父母对于勒叔叔的厌恶，表现出了人性的丑陋、社会的黑暗。

师：你很有思想呀！解读得好深刻！那就按你的理解，有感情地朗读一下这段话，好不好？

生 3：（有感情地朗读）

（全班鼓掌）

师：天才！读的比说的更好！人才难得，天才更难得啊！

师：继续发言。好，你说。

生 4：我觉得这句话很有意思：“这是我的叔叔，父亲的弟弟，我的亲叔叔。”这句话运用了反复的手法，强调“我”的不敢相信，透过语言可以看出“我”对于勒叔叔现在处境的怀疑以及对父母做法的不满。这句话反复强调了于勒叔叔与“我”的关系，写出“我”当时对于勒叔叔的复杂情感，因为在年幼的“我”看来，亲情是不可磨灭的，父母的举动虽然情有可原，可血浓于水，亲情是无法否认的，更突出了当时社会不良的世风。

（全班鼓掌）

师：又一个天才出现了！一个思想家出现了！咱们班同学十分了不得，非常了不得！

师：哦！你手举得那样高，你想说什么？说一说。

生 5：从这句话可以看出“我”的善良，即使在父母眼里这位叔叔很可恶，但血缘关系是永远无法磨灭的。即使他满面愁容、狼狈不堪，但他仍旧是“我”的亲叔叔，体现了“我”的真实情感。通过不断强调于勒的身份，表达出作者对于勒的同情和对父母的不满，凸显出“我”的善良、乖巧和善解人意，与父母的自私、丑陋、市侩形象形成鲜明的对比。

（全班鼓掌）

师：你不仅是思想家、心理学家，还是个善良的人呢！这位同学回答中最大的亮点是运用比较思维来思考问题。太厉害了！你比老师都厉害，我要拜你为师！

师：请你朗读一下这句话好不好？

生 5：（有感情地朗读）

（全班鼓掌）

师：读得好！读出了人物的心理活动！

师：继续发言！

生6：这句话写得有味道："我怕伤胃，你只给孩子们买几个好了，可别太多，吃多了要生病的。"这段描写了母亲的迟疑不决、怕花钱、怕伤胃、要生病，可以看出母亲把钱财看得特别重要，比自己开心更重要。从侧面烘托出母亲爱财如命的性格。

师：爱财如命！真是点石成金的点评啊！你简直是个文学评论家！

（全班鼓掌）

师：哦，你的手举得好高，你说！

生7：这是作者母亲在他父亲提出要买牡蛎时说的话。因为母亲怕花钱又怕丢面子，所以开始犹豫不决，但又碍于女婿的面子，只好答应给两个女儿买牡蛎。体现出母亲心里的矛盾，将母亲吝啬、虚荣的性格刻画得淋漓尽致。

师：你是这位母亲肚里的蛔虫啊，发现了这位母亲的矛盾、吝啬和虚荣！你这位心理学家太伟大了！以后我是不敢给你们班上课了，干脆坐在教室后面当学生算了！

（全班鼓掌）

师：你来读读他妈妈说的这句话！

生7：（有感情地朗读）

（全班鼓掌）

师：太精彩了！

师：继续我们大家的精彩！

生8：我父亲脸色早已煞白，两眼呆直，哑着嗓子说："啊！啊！原来如此……如此……我早就看出来了！……谢谢您，船长。"这句话用了3个省略号，说明了父亲说这话时的吞吞吐吐，体现了父亲知道于勒是卖牡蛎的人之后的惊讶，也描写出父亲态度的转变，由期待于勒归来转为脸色"煞白"，表现了父亲的势利。

师：一个势利的父亲！

师：你说！

生9：表达了父亲看到真相后的震惊，与之前的满怀希望形成了强烈对比。句中的感叹号表达了父亲失望与悲痛的心情。

师：父亲越失望越悲痛，就越说明父亲是一个怎样的人呢？

生（齐）：虚荣！

师：非常正确！

师：你说！

生10：表现了父亲知道于勒还是一贫如洗时的吃惊，表现了父亲在对未来、对于勒的美好遐想破灭时，心中的失落与难受，也表现了对于勒再去找他们的担忧。

师：担忧什么？

生10：怕被连累。

师：连累什么？

生10：连累他们的生活。

师：说得很好！这说明父亲是怎样一个人呢？

生（齐）：很自私。

师：聪明！

师：好，你说！

生11：父亲对于眼前的于勒是个卖牡蛎的商贩这个事实感到无比惊讶与恐慌，而此时仍伪装给女婿看，表现出父母已经完全被金钱所蒙蔽，贪图钱财富贵。

师：不错！

师：你说！

生12：这句话写出了父亲知道真相时的失望与惊讶，之前满怀期待，却没料到落得如此下场，十几年的等待都是徒劳，表达出父亲的势利，眼里只有金钱，即使得知多年未见的弟弟的下落也丝毫不感到高兴，有的只是失望与惊慌失措。

师：说得很好，父亲的眼里只有金钱，是个彻头彻尾的拜金主义者！

师：请生10来给大家读读这句话！

生10：（有感情地朗读）

（全班鼓掌）

师：读出了势利，读出了虚荣，读出了自私，读出了金钱至上！读得很棒！

师：继续精彩！你说！

生13："就……就是我的弟弟呀。……如果我不知道他现在是在美洲，有很好的地位，我真会以为就是他哩。""你疯了！既然你知道不是他，为什么这样胡说八道?”这两句语言描写形象生动地刻画出了父母内心的紧张，吞吞吐吐表现出他们内心的丑恶，省略号的使用则表现出父亲的不安，表达了作者对父母尖锐的讽刺。

师：他们的内心是够丑恶的！

师：你说！

生14：这句话细致地描写出母亲在发财梦破灭之际的慌乱与不安，表现了母亲的势利与贪婪。她只以金钱作为衡量人的标准，体现了她的世俗市民心态。

师：是特别的贪婪！

师：请你读出这种丑恶和贪婪！

生14：（有感情地朗读）

师：读得不错！请坐！

师：继续发言。

生15：这句话写得挺好：“唉！如果于勒竟在这只船上，那会叫人多么惊喜呀！”文中重复出现这句话，表现出“我们”一家对于勒叔叔归来的迫切希望。从侧面反映出“我”的父母贪图钱财、爱慕虚荣，没有真实的亲情，生活中只剩下对金钱的追求。突出了菲利普一家对于勒的期望，希望于勒能带领他们逃离这拮据的生活，过上幸福的生活。即使于勒有种种缺点，他们依然认为于勒是个好人，为后面见到于勒的真实生活后态度的转变作了铺垫。

师：你就是个文学大师！准确解读了他们丑恶的灵魂，还指出了铺垫的写作手法！

师：继续发言。

生16：这句话写得好：“你简直是疯了！拿十个铜子给这个人，给这个流氓！”这句话是母亲对“我”说的，说话的语气和用词都十分难听，与上文母亲说“好心的于勒”形成鲜明的对比，体现了母亲由看好于勒到说于勒“流氓”的态度转变。突出了母亲贪财、势利的人物性格，也表现出母亲的粗鲁。从母亲前后言语的变化可以看出母亲十分吝啬、唯利是图，从对于勒前后的态度变化又可以看出母亲是一个冷酷无情并且十分势利的人。

（全班鼓掌）

师：棒极了！

师：好的，你说！

生17：作者通过对母亲惊讶于“我”把十个铜子给于勒叔叔的语言描写，

生动而形象地刻画出一个吝啬、市侩的妇人形象，表达了作者对其的讽刺与鄙夷之情。“简直”“疯了”“十个铜子”“流氓”，这些词生动地表现出母亲对于勒的鄙夷与嫌弃，写出母亲在于勒有钱时认为他是个好人，在于勒落魄时对于勒的避之唯恐不及，同时也反映了当时社会的黑暗。

师：你给大家读读这句话。

生 17：（有感情地朗读）

（掌声雷动）

师：读得太精彩了，太惟妙惟肖了！尤其是重读了“你”“简直”“疯了”“这个人”“这个流氓”这些词。

师：继续我们的精彩！

生 18：这句话写得也很好：“我想就是他。去跟船长打听一下吧。可要多加小心，别叫这个小子又回来吃咱们！”这句话写出了“我”的父母看到卖牡蛎的人就是于勒时的惊讶和慌张，与前文形成强烈的对比，塑造了他们势利、贪财、没有人情味儿的形象。

师：是呀！哪有人情味儿？简直就是赤裸裸的市侩！说得很好！

师：你说。

生 19：这句写得有趣：“上帝保佑您，我的年轻的先生！”这是对于勒接受“我”给的小费后的语言描写，于勒对“我”的小费的感谢，那么真诚，显示出于勒贫穷的生活，仅仅十个铜子，对于他而言也是一份意外的收入。体现出于勒生活的穷困，也表现了“我”对他的深切同情。

师：说得很正确。

生 20：“是他，真是他！”是一句感叹句，表达了父亲对在船上卖牡蛎的于勒的震惊与害怕。因为“我们”一家人期盼许久的“救世主”是如此狼狈，从侧面描写出当时社会的世态炎凉。

师：世态炎凉！

生 21：“至于若瑟夫，他用不着吃这种东西，别把男孩子惯坏了。”这句话写出了父母尤其是母亲的那种省钱成习惯的市井小市民的心理。

师：非常棒！这堂课是一次精神之旅！我们同小说里的人物同呼吸共命运，既体现了同学们的善良和富有同情心，又展示了同学们非凡的才华！今天同学们的发言精彩纷呈，惊喜不断，让老师佩服得五体投地！

师：今天的作业是——

【屏显】

语言描写训练：假如于勒真的发大财回来了，菲利普一家人对于勒会说些什么？请写一段语言描写的短文。

师：下课！

生（齐）：老师再见！

教学艺术欣赏

大胆取舍，一课一得！

孙春成老师教《我的叔叔于勒》一课，运用了“长文短教主旨段落教学课型”。什么是“长文短教主旨段落教学课型”？即围绕本课之“教学主旨”，选出文本里最能体现教学主旨的句子或段落，运用蒙太奇的手法重新编排整合成一个完整的、有意义的教学链条，师生共同品读、赏析和探究。

孙老师这一课有两大亮点：

首先是大胆取舍，一课一得！

小说的课堂教学，可教的内容很多，但只有一堂课，40 分钟时间，不可能将所有知识都和盘托出，全部讲授，必须有一个选材和取舍的过程。究竟应该取舍什么教学内容，要围绕本课之“教学主旨”，这是检验一个语文教师挖掘教材、处理教材能力的试金石！孙春成老师《我的叔叔于勒》一课的教学，突出重点，突破难点，一课一得，长文短教，特色鲜明，效果极佳。教学开始，孙老师就切题导入，抓住两则具有代表性的语言描写巧妙自然地引出教学的重点——语言描写，如：

师：这两段文字运用了什么描写手法呢？

生（齐）：语言描写手法。

师：完全正确！

【屏显】

知识卡片：语言描写

语言描写是塑造人物形象的重要手段。成功的语言描写总是：

一、鲜明地展示人物的性格；

二、生动地表现人物的思想感情；

三、深刻地反映人物的内心世界；

四、使读者获得深刻的印象，达到“如闻其声，如见其人”的艺术效果。

师：《我的叔叔于勒》这篇短篇小说，是莫泊桑的代表作之一，值得我们学习的地方很多。不过，我们今天这堂课，侧重来学习这篇小说的语言描写。

然后，整堂课就和学生围绕这一知识点展开教学，轻松自如，行云流水。

其次是不断革新，发展课型。

孙春成老师的“长文短教主旨段落教学课型”其结构程序是：导入→段落教学→读写结合→结课。往往都是在导入之后，老师提供几则文本片段供学生学习，这样虽然体现了“教材无非就是个例子”的理念，也可以体现教师的主导作用，但难免有牵着学生鼻子走之嫌，学生比较被动，发挥不了学生学习的主动性。但是，孙春成老师的《我的叔叔于勒》一课的教学，大胆革新，发展了他的“长文短教主旨段落教学课型”。在“段落教学”这一环节，他并没有给学生提供文本片段，而是抛出了一个牵一发而动全身的问题：“请从文中找出你最欣赏的语言描写，解读给大家，分享一下自己的观点。”让学生自主探究，把教师“取舍教材”或创造性地整合教材资源的权力还给学生，学生大胆、自由、创造性、个性化地解读文本，精彩纷呈，收到意想不到的效果。

第二章 文言文四步骤教学课型

《湖心亭看雪》教学实录

时间：2017 年 3 月 30 日下午 14：10—14：50

地点：深圳市盐田区外国语学校

学生：七年级 7 班

主题：深圳市孙春成语文教学课型盐田区推广活动

执教：孙春成

整理：刘毅

师：老师很欣赏同学们这样，坐得很自然。我到一个地方讲课的时候，每一个学生坐得都很端正，正襟危坐的，很不放松，很不自然。没有必要，放松一点，自然一点，这样非常好。请大家看一下大屏幕，这是什么景色啊？

【屏显】

四幅雪景图。

生（齐）：雪景。

师：你们谁见过真实的雪景呢？哦，你见过？你老家在哪里？

生 1：湖南。

师：哦，你是湖南的，湖南那里是下雪的。嗯，看来班里大部分同学都没见过雪景，那你们想不想赏雪啊？

生（齐）：想！

师：好，今天我们就跟着张岱赏一番雪景吧！

（板书课题：《湖心亭看雪》，张岱）

师：同学们说说，看雪的“看”字在这里是什么意思？

生（齐）：观赏。

师：“看”就是观赏的意思，观赏就十分准确了。那这个湖是哪里的湖啊？

生（齐）：西湖。

师：对，西湖，杭州西湖。你们看屏幕上的雪景，就是杭州西湖的雪景，我们现在就跟随张岱去观赏西湖雪景。

师：同学们齐读一下作者简介好吗？

【屏显】

张岱（1597—1689），字宗子，又字石公，号陶庵，又号蝶庵，明末清初山阴（今浙江绍兴）人。出身仕宦世家，少时为富贵公子，爱繁华，好山水，晓音乐、戏曲。明亡后不仕，入山著书以终。著有《陶庵梦忆》《西湖梦寻》等。本文选自《陶庵梦忆》。

生（齐）：（读作者简介）

师：这位作者出身仕宦世家，“仕宦”是什么意思啊？

生（齐）：做官的。

师：再看后面“少时为富贵公子”，那按现在的说法就是什么啊？

生（齐）：官二代。

师：对！非常正确。是官二代，同时也是富二代。所以，张岱这个人爱繁华，好山水，晓音乐、戏曲。“明亡后不仕”是什么意思？

生（齐）：不再做官。

师：对！而是“入山著书以终”，到山林里著书立说，一直到老。他的著作有《陶庵梦忆》《西湖梦寻》。这篇文章就选自《陶庵梦忆》。现在，老师给同学们示范朗读一下这篇文章，请同学们默读。

师：（范读全文）

【屏显】

《湖心亭看雪》补充注释

1. 绝：断，断绝。在此引申为“消失”。

2. 是日更（gēng）定：是，代词，这。更，古代夜间计时单位，一夜分为五更，每更约两小时。定，停止，结束。

3. 拏（ná）：通假字。通“挐（ráo）”，又通“桡（ráo）”，即“船桨”。又名词动用，即“撑（船）”。

4. 拥毳（cuì）衣炉火：拥，抱，持。

5. 雾凇（sōng）沆砀（hàng dàng）：凇，水汽凝成的冰花。

6. 上下一白：天色湖光全是白皑皑的。一，副词，全；都。

7. 惟（wéi）：只，只有。

8. 长堤（dī）一痕：堤，堤坝。

9. 芥（jiè）：小草。

10. 毡（zhān）：毡子，用羊毛等压成的像粗毯子似的东西，隔潮气。

11. 童（tóng）：未成年的男仆。

12. 强（qiǎng）饮：痛饮，痛快地喝。强，竭力。

13. 客此：客，做客；名词动用。

14. 喃喃（nán nán）：象声词，低语声。

15. 相公：原意是对宰相的尊称，后转为对士人（读书人）的尊称。

16. 更：还。

17. 及：到……时。

18. 痴似：痴于，痴过。痴，痴迷。

师：这篇文言文篇幅不长，应该说是比较浅显的。你们是七年级的学生，但这是八年级的课文，这就有点难为大家了。刚才我听胡老师说，咱们这个班是全校最优秀的班，大家看课下的注释，有点简单，所以孙老师给你们提供了补充注释。请同学们试着根据课文的注释和老师提供的补充注释翻译一下本文，好不好啊？同学们在草稿纸上翻译一下。这是场竞赛，看谁翻译得快。可自行翻译，也可以六人合作小组翻译，要动笔的啊。马上开始！

生（齐）：（学生翻译，老师巡视）

师：哦！有什么异议吗？原来老师给同学们提供的文章没有课下的注释啊！那胡老师赶快把课文给每位同学复印一份吧！好，胡老师去复印了，先看看我给你们的补充注释，然后试着翻译一下，有什么不懂的就问孙老师，好吗？

（教师个别讲解补充注释的内容。课文上的注释下发给了学生）

师：有不明白的可以先问孙老师，并举手示意。

生2：老师，“是日”的“是”是什么意思呢？

师：“是”是“这”的意思，“是日”就是“这一天”。不错哦，敢于提问题！

生3：老师，补充注释的“士”是什么意思呢？

师：“士”就是指“读书人”。我们现在大学本科毕业获得的“学士证”就是这个“士”呀！

师：刚刚这两位女生表现很好，敢于直接向老师提问！

师：你们这个组讨论得挺激烈，但是似乎没讨论出什么问题来。

生4：老师，“金陵”是哪里？

师：金陵就是现在的南京。

师：你们小组好像在各自为战啊！

师：哪一个组翻译完了有成果之后就举手示意，看哪一组快，这是一场竞赛。好，你们组完了是吧，稍等一下，还有其他组没完。还有哪一个组完了请举手示意，又有一个组完了。好，第三个组也完了。没完成的不着急啊！好，第四个组也完了。还有两个组，好，全部完了。

【屏显】

参考译文：崇祯五年十二月，我住在西湖。接连下了三天的大雪，湖中行人、飞鸟的声音都消失了。这一天晚上八点左右，我划着一只小船，穿着毛皮衣服、带着火炉，独自前往湖心亭看雪。（湖上）冰花弥漫，天与云与山与水，浑然一体，白茫茫一片。湖上可以看到的影子，只有西湖长堤露出的一条淡淡的痕迹，湖心亭露出的一点轮廓和我的一只小船，船中的两三个人影罢了。

到了亭子里，看见有两个人已经铺好了毡子，面对面坐着，一个小孩正把酒炉里的酒烧得滚沸。（他们）看见我，喜出望外地说：“在湖中怎么还能碰上（你）这样（有闲情雅致）的人呢！”拉着我一同饮酒。我痛饮了三大杯，然后（和他们）道别。问他们的姓氏，得知他们是金陵人，在此地客居。等到（回来）下船时，船夫低语道：“不要说相公你痴，还有比你更痴迷的人呢！”

师：老师在屏幕上给大家打出参考译文。核对一下参考译文，看哪里和参考译文不一致，思索一下为什么，不明白的地方再问老师，比如“怎么我这样翻译的，而老师你却那样翻译的”，可以举手提问。做学问，在于比较，从比较中就可以生出学问，你们核对一下屏幕上老师的参考译文，把你的观点说出来。好，你来。

生5：第二句的开头，“大雪三日”，我觉得“三”应该是虚指，指很多天，而不是具体的三天。

师：大家觉得她说的怎么样啊？我觉得应该给她点赞！不错，请坐！这位同学非常善于思考，“三”在文言文里面，常常是一个不定指的数字，就是指多的意思，但是在这里，“大雪三日”是不是多的意思呢？我谈一下我的观点。

师：如果说是在北方，在东北或者西北，那是连着下好多天的雪，因为那里纬度高，天气寒冷，大雪下好多天是司空见惯的事情，可以想见这个“三”就不止是三天了。但是，同学们，湖心亭看雪是在哪里啊？是在杭州西湖，西湖那里，你可以想象一下，连着下三天的雪，从纬度上、地理学上，那就是很大的雪了，是不是啊？所以，我还是觉得翻译成接连下了三天的大雪比较准确。这是我的一家之言，也不一定对啊！但是，这位同学的观点非常棒。好，继续。

师：有问题的话就举手，像那位女同学一样提出问题来，然后我们共同解决。好，这位男同学你发言。

生6：第二段，我痛饮了三大杯，但是给出的译文里，“强”是尽力的意思，我尽力喝了三大杯酒。

师：哦，尽力就是很努力，也就是竭力的意思。其实你不是一个非常能喝酒的人，本来你喝一杯就觉得可以了，但是人家劝你，你竟努力地喝了三大杯，那你感觉是不是很痛快啊？文言文的翻译有两大类，一类是直译，比如刚才的这个“大雪三日”是接连下了三天的大雪，这基本属于直译。那这里属于什么译法呢？是意译，只要大概意思对就可以了。好，请坐。这位同学也很棒，他提出的这个问题涉及文言文的两大翻译方法，一个是直译，就是既保持原文内容、又保持原文形式的翻译方法或翻译文字；另一种是意译，也称为自由翻译，它是只保持原文内容、不保持原文形式的翻译方法或翻译文字。直译与意译相互关联、互为补充，同时，它们又相互协调、相互渗透，不可分割。还有没有问题？核对完的小组请举手。你们核对完了有没有什么问题？

师：一个小组完了，还有吗？这个小组也完了，好，不错。同学们看一下大屏幕，齐读这个参考译文。

生（齐）：（读参考译文）

师：好，到此为止，一节课40分钟，一半的时间过去了，这个环节就是疏通文意，翻译全文。同学们以六人小组互相合作的形式，完成了这一环节的学习任务。尤其是一开始，老师没有给同学们下发课下注释的时候，这是八年级的课文，让你们七年级的学生学习应该是很困难的，在下面听课的老师都非常清楚这一点，但是我们班同学在这20分钟里很有效率，翻译得非常棒！中间个别同学还善于发现问题，敢于大胆提问，而且这两位同学提出的问题都很有质量，所以，老师不得不佩服同学们。从某个角度来说，我在当学生的时候，比你们差得很多啊，所以你们都是我的老师。真的，我为你们点赞！老师很欣赏你们，也很喜欢你们！但是这个环节还没完，你们看下面这个，“本课文言文知识积累”，要把你学习的文言文知识系统地梳理一下，形成一个良好的学习习惯。我只是帮你们把框架列出来，你们自己填空。第二场竞赛开始了，看谁填得快，或者六人小组合作学习。填完就请举手示意。

【屏显】

本课文言文知识积累（填空题）

一、通假字

1.

二、一词多义

2.

3.

4.

三、词类活用

5.

四、古今异义

6.

生（齐）：（完成文言文知识积累填空任务，老师巡视）

师：全部填完的小组举手。

师：有没有填完的？

师：好，由于我们是七年级学生学习八年级的课文，很难，老师把答案公布一下。

【屏显】

本课文言文知识积累（填空题答案）

一、通假字

1. 拏（ná）：通“桡（ráo）”，又通“桡（ráo）”，即“船桨”。又名词动用，即“撑（船）”。

二、一词多义

2. 是：①是日更定（这）　②是金陵人（表判断）

3. 一：①一白（全。副词）　②长堤一痕（数量词）

4. 更：①是日更定（古代计时单位）　②更有痴似相公者（还）

三、词类活用

5. 客：原意为“客人”，此处为“做客”。名词动用。

四、古今异义

6. 余：古义：我。例：余住西湖。　今义：剩下。

师：刚才私下里我了解了一下，其实同学们都答得不错。赶快，记笔记，尤其是一些没想出来的地方。谁做完笔记就举手示意。你叫什么名字？

生7：吴亦林。

师：吴亦林，嗯，很棒！你是这节课表现最好的。

师：通假字、一词多义、词类活用、古今异义。怎么样？记完笔记的同学举手示意，没完的赶快。好，都记完笔记了。

师：接下来"请从文中找出最恰当的一个字来评价一下张岱其人"，就找一个字。

师：好，你来。

生8："痴"。

师：大家认为他说得对吗？

生（齐）：对！

师：好，英雄所见略同，就是这个"痴"字。他是怎么个"痴"法啊？哪里"痴"啊？好，你说。

生9：时间"崇祯五年十二月"——体现他对前朝的眷恋之情。

师：体现他对前朝的眷恋之情，"眷恋"就是"痴"的意思，是不是？一家之言，嗯，很棒！还有没有要发言的？张岱的"痴"体现在哪里？好，你来说。

生10："大雪三日"，下了三天的大雪，可见那里很冷，还要穿着毛皮衣，我觉得他对西湖很痴情。

师：对西湖很痴情，是不是啊？又是一家之言。你们自己回答不出来，人家回答出来了还不表扬一下？

生（齐）：（鼓掌）

师：到目前为止，发言的同学一个个比老师还聪明，比老师都厉害。好，继续发言，还有吗？刚才发言的，有说对前朝很痴迷，有说对景色很痴迷，还有呢？你说，不要重复别人的答案。

生11：他有两个地方有点矛盾，先是说"独往湖心亭看雪"，但后面又说"舟中人两三粒而已"，这说明他不是一个人去的，所以这也表达出来一个意思，说明他坚持自我，遗世独立，不随波逐流。

师：老师请你把自己的发言概括一下，刚才那位同学说是"痴景"，那你这个叫“痴”什么？

生11：“痴我”。

师：大家说他这个是“痴”什么？是不是“痴人”啊？你虽然没有高度概括出来，但你的回答比概括的更精彩。好，为你点赞！

师：这个班的同学真的很好，我去全国各地讲课见到不少学生，我们盐田区外国语学校这个班是最棒的，真的，你们很有思想。

【屏显】

崇祯五年十二月，余住西湖。大雪三日，湖中人鸟声俱绝。是日更定矣，余拏一小舟，拥毳衣炉火，独往湖心亭看雪。

师：这个是“痴”什么啊？

生：（部分学生）是“痴行”。

师：对呀！太聪明了！

【屏显】

雾凇沆砀，天与云与山与水，上下一白。湖上影子，惟长堤一痕、湖心亭一点，与余舟一芥、舟中人两三粒而已。

师：这个不就是刚才那位同学说的“痴”什么啊？

生（齐）：痴景！

师：非常正确！就是刚才那位同学所说的——痴景。

【屏显】

到亭上，有两人铺毡对坐，一童子烧酒炉正沸。见余，大喜曰：“湖中焉得更有此人！”拉余同饮。余强饮三大白而别。问其姓氏，是金陵人，客此。及下船，舟子喃喃曰：“莫说相公痴，更有痴似相公者！”

师：这就是刚才那位同学说的——

生（齐）：痴人！

师：没错。你们真是好样的！

【屏显】

张岱，出身仕宦世家，明亡后不仕，入山著书以终。《陶庵梦忆》《西湖梦寻》写于明亡后，书中缅怀昔日繁华，追忆前尘往事，字里行间流露出深沉的故国之思和沧桑之感。满纸荒唐言，一把辛酸泪。都云作者“痴”，谁解其中味。

师：这个又是“痴”什么啊？

生：（个别学生）痴心——

师：非常正确！

师：张岱出身仕宦世家，在明朝享尽了荣华富贵。时过境迁，现在是清朝，跟明朝时期相比，他当然留恋前朝，怀恋明朝。作者追忆前朝往事，融入深情的故国之思，这种沧桑之感，不就是第一个同学发言的内容吗？满纸荒唐言，一把辛酸泪，都云作者“痴”，谁解其中味啊？痴什么呢？痴心不改！这四个“痴”啊，我们班的同学都回答得如此精彩，你们把老师给征服了！“痴”，这是对张岱最确切的评价。他痴迷于“天人合一”的山水之乐，痴迷于世俗之外的雅情雅趣，清高自赏，超凡脱俗。经过我们的讨论，一个超凡脱俗的张岱就活生生地展现在我们面前，是不是啊？是，非常棒！老师为你们喝彩！给你们点赞！（竖起大拇指）

【屏显】

白描写作手法：所谓白描，原是中国绘画的传统技法，指不着颜色，也不画背景，只用墨线勾勒出人或物的形象的画法。它重在以形传神，不重形似而求神似。后来人们把这种写意的技法引入写作。白描写作手法，即用最朴素、最简练的笔墨，不事雕琢，不加烘托，抓住描写对象的特征，如实地勾勒出人物、事物与景物的情态面貌。（图例：花鸟白描、山水白描和人物白描）

师：什么是“白描写作手法”？请齐读屏幕上的文字。

生：（齐读）

师：你们看大屏幕上，老师举的这三个例子，花鸟白描、山水白描、人物白描，就是不着颜色，也不画背景，只用墨线勾勒出人或物的形象的画法画出来的，这就是中国绘画的传统技法——白描。后来人们把这种写意的技法引入写作，白描的写作手法就是用最朴素的、最简练的笔墨，不雕琢、不烘托，抓住描写对象的特征，如实勾勒出人和事物、景物的情态面貌。那你们说，《湖心亭看雪》哪些句子是运用了白描的写作手法？找出来的就举手。好，你马上就找出来了，你说。

生 12：“雾凇沆砀，天与云与山与水，上下一白。湖上影子，惟长堤一痕、湖心亭一点，与余舟一芥、舟中人两三粒而已。”

师：老师很惊叹你们的才华啊，好像我讲之前，你们就学过似的。老师特别佩服你们。这位学生读得非常好。

师：“雾凇沆砀，天与云与山与水，上下一白。湖上影子，惟长堤一痕、湖心亭一点，与余舟一芥、舟中人两三粒而已。”作者在这里使用白描的写作手法，寥寥几笔，就为我们勾画出“天人合一”的境界，宛如一幅写意山水画，悠远脱俗。而在大自然面前，茫茫雪野，令人顿生“渺沧海之一粟”的人生感慨。

师：同学们，这节课我们就学到这里，你们还有什么问题吗？

生（齐）：没有。

师：真的没有什么问题了吗？

生（齐）：没有。

师：真的没有不懂的地方了吗？

生（齐）：没有。

师：究竟有没有？大声告诉我！

生（齐）：（大声说）没有！

师：好吧！你们没有，老师给你们提个问题。

【屏显】

作者开头说“余拏一小舟……独往湖心亭看雪”，后面怎么又说“舟中人两三粒”，还出现了“舟子”这样一个人物？这岂不前后矛盾？

师：如此前后矛盾，又如何解释？明明是说“独往”湖心亭看雪，最后怎么又出现“舟中人两三粒”和“舟子”这些人物？难道是因为张岱写这篇文章时脑子不够用，说话颠三倒四的？有没有人知道原因？有没有人发言？

师：孟子曰：“尽信书，不如无书。”读书不要拘泥于书本或迷信书本，“学贵有疑”，学习就贵在能发现问题，提出疑问。刚才我们上课的时候有几位同学都提出了问题，而且提的问题很有质量，提的问题很有探讨价值，老师再对刚才回答问题和提出问题的学生提出表扬！学习应该做到“有疑敢问，有疑善问，有疑必问”。至于这个问题是怎么回事，我也上网查了，也没得到我认为满意的解释，但是看今天同学们都这么聪明、这么优秀，这个问题留下作为你们的课下作业，你们自行讨论，自行解决，好不好啊？

生（齐）：好！

师：同学们，下课！

生（齐）：谢谢老师，老师再见！

师：同学们再见！

教学艺术欣赏

自主探究，贵在落实

孙春成老师的“文言文四步骤教学课型”具体指“讲解翻译→品读感悟→问题探究→背诵默写”，简称“四字经”课型，即“讲、读、探、默”。听了孙春成老师的《湖心亭看雪》一课，我受到许多启发，获益良多。

一、“教师讲解”转换为“学生翻译”，培养学生的自主探究能力。孙老师教学的第一步较之前他的文言文教学，应该说有所突破、有所创新。他一改过去这一步骤主要是教师讲解、学生翻译的做法，将讲解权归还给学生，让学生真正成为学习的主体，大大提高了学生自主探究、自主学习的能力，非常值得我们学习。在讲解翻译环节，孙老师没有做任何讲解，只是给学生额外提供教材里缺乏的“补充注释”，让学生直接自主翻译，或六人小组合作翻译。更妙的是，孙老师没有当判官，评价学生的翻译好与不好，而是给学生提供了“参考译文”，让学生比较，在比较中获得知识。这种比较的过程何尝不是学生自主探究的过程呢？这里，尤以学生5关于“大雪三日”的“三”的质疑最为精彩。如此教学，学生的翻译就自然而然、切切实实地落到了实处。这一教学步骤，孙老师不仅培养了学生自主探究的能力，而且教会了学生自主探究的方法，即“比较法”，令人叹为观止。

二、“知识梳理”转换为“填空答题”，寓知识积累于训练之中。孙老师每教学文言文，都特别重视对文言文知识的系统梳理、归纳与整合，为的是让学生建立知识之间的联系性。但他不是平铺直叙、索然无味地讲解，直接把答案告诉学生，而是把这节课涉及的文言文知识设计成一个填空题，让学生做题，在做题的过程中独立思考，这种把“知识梳理”转换为“填空答题”，寓知识积累于训练之中的做法，既培养了学生自主探究的能力，又让学生学会了积累知识的方法，还让学生轻轻松松掌握了知识，令人拍案叫绝。

三、“主旨探究”与“写法探究”，详略得当，有所侧重。对张岱“痴”的探究可谓重点，孙老师则不惜笔墨，一连探究了四个“痴”，而且这个探究的过程充分体现了学生自主探究的特点。学生9、学生10和学生11的回答都令人耳目一新，非常精彩；再加上孙老师的相机诱导与恰切点拨，让教学出现了小小的高潮，引人入胜。至于对“白描写法”的探究，则一笔带过，点到为止，极省笔墨，可谓惜墨如金。

四、“学贵有疑”收束全课，教学结尾余音绕梁，充分激发了学生的探究欲望，教学艺术效果渐入佳境。

所以，我认为这一课的成功可以用八个字来概括，即“自主探究，贵在落实”。

《爱莲说》教学实录

时间：2017 年 5 月 17 日（周三）上午 9：35—10：15

地点：深圳市实验学校

学生：七年级 11 班

主题：深圳市直属学校初中语文“同课异构”教学研讨活动

执教：孙春成

整理：刘毅

一、图片导入，激发兴趣

师：上课！

生（齐）：老师好！

师：同学们好，请坐！

【屏显】

莲花图片。

师：大家看一下大屏幕，这是什么花啊？

生（齐）：莲花。

师：今天我们就一起来学习一篇和莲花有关的课文。

二、范读课文，整体感知

【屏显】

爱 莲 说

周敦颐

水陆草木之花，可爱者甚蕃。晋陶渊明独爱菊。自李唐来，世人甚爱牡丹。予独爱莲之出淤泥而不染，濯清涟而不妖，中通外直，不蔓不枝，香远益清，亭亭净植，可远观而不可亵玩焉。

予谓菊，花之隐逸者也；牡丹，花之富贵者也；莲，花之君子者也。噫！菊之爱，陶后鲜有闻。莲之爱，同予者何人？牡丹之爱，宜乎众矣。

师：首先，我给同学们范读一遍课文，同学们看课文默读。

师：（范读课文）

（学生鼓掌）

三、参照注释，自主译文

师：这篇文章很简短也很浅显，现在请大家结合课下注释和老师补充的注释迅速将这篇文章翻译在练习本上。

【屏显】

补充注释

（一）虚词

1. 水陆草木之（代词，那些）花
2. 予独爱莲之（语气词，无实义）出淤泥而不染
3. 花之（结构助词，相当于现代汉语的“的”）隐逸者也
4. 菊之（语气词，无实义。书中翻译不准确）爱
5. 可远观而不可亵玩焉（代词，相当于“之”）
6. 宜乎（语气词，无实义）众矣（语气词，相当于现代汉语的“了”）
7. 可爱者（代词，可译为“的”）甚蕃

（二）词类活用

8. 不蔓（名词动用）不枝（名词动用）

（三）特殊句式

9. 花之隐逸者也——判断句

10. 噫！——感叹句

11. 同予者何人？——反问句

12. 菊之爱——倒装句

师：课堂上老师的每一个要求都是一个竞赛，看谁翻译得速度又快、质量又高。

生（齐）：（动笔翻译课文）

师：（巡视翻译情况，个别答疑）

师：翻译完请举手示意，看谁能拔得头筹。

师：好的，绝大多数同学都翻译完了。

四、参考译文，修改翻译

【屏显】

《爱莲说》参考译文：

水里面和陆地上的草木，值得喜爱的很多。晋朝的陶渊明只爱菊花。自唐朝以来，世上的人们很喜爱牡丹。我则只爱莲花，莲花从污泥中生长出来，却不沾染污秽，经过清水的洗涤但不显得妖艳，茎中空、外部直，不横生枝蔓，不旁生枝节，香气传得越远就越清幽，洁净地挺立，（只）可以远远地观赏它，却不能靠近玩弄它。

我认为，菊花是花中的隐士；牡丹是花中的富贵者；莲花是花中的君子。唉！喜欢菊的人在陶渊明之后就很少听到了。喜爱莲花者，像我一样的还有什么人呢？（至于）对牡丹的喜爱，应当有很多人了。

师：下一个环节，结合原文，对照屏幕上的参考译文，修改自己的翻译。

生（齐）：（修改自己的翻译）

师：（巡视、个别答疑）

师：修改完的同学请举手示意。

师：大部分同学都完成了，下面请同学们来齐读一遍译文。

生（齐）：（读屏幕上的参考译文）

师：同学们朗读得非常准确也非常流畅。

五、系统梳理文言文知识

【屏显】

本课文言文知识整理（填空题）

（一）虚词

1.

2.

3.

4.

5.

6.

7.

（二）词类活用

8.

（三）特殊句式

9.

10.

11.

12.

师：我们一起来完成屏幕上的填空。首先，虚词有哪些？

生1：之。

生2：焉。

生3：者。

生4：也。

师：词类活用有哪些？

生5：枝。

师：还有呢？

生6：蔓。

师：“枝”什么意思？

生7：树枝。

师：“蔓”什么意思？

生8：藤蔓。

师：什么词性？

生9：名词。

师：在这里呢？

生10：用作动词，生枝节，长枝蔓。

师：特殊句式有哪些呢？

生11：判断句。

师：还有呢？

生12：感叹句。

师：还有呢？

生13：反问句。

【屏显】

本课文言文知识整理（填空题答案）

（一）虚词

1. 水陆草木之（代词，那些）花
2. 予独爱莲之（语气词，无实义）出淤泥而不染
3. 花之（结构助词，相当于现代汉语的“的”）隐逸者也
4. 菊之（语气词，无实义）爱
5. 可远观而不可亵玩焉（代词，相当于“之”）
6. 宜乎（语气词，无实义）众矣（语气词，相当于现代汉语的“了”）
7. 可爱者（代词，可译为“的”）甚蕃

（二）词类活用

8. 不蔓（名词动用）不枝（名词动用）

（三）特殊句式

9. 花之隐逸者也——判断句
10. 噫！——感叹句
11. 同予者何人？——反问句
12. 菊之爱——倒装句

师：请大家梳理这些文言文知识。

生（齐）：（做笔记）

师：学习文言文一定要把每课的文言文知识梳理一下，系统总结归纳。

六、品读文本，感悟思想

师：刚才大家对课文进行了翻译，现在谁来说说这篇文章主要写了什么内容？

生14：作者喜爱莲花。

师：很好，作者喜爱莲花。我们来读一下课文，把作者的这种喜爱之情读出来。谁来读？

生15：（朗读全文）

师：读得很不错！要读出作者对莲花的喜爱之情。老师范读一下。

师：（范读全文）

生（齐）：（鼓掌）

师：谁再来读一下？

生16：（朗读全文）

师：读得很好，很精彩，我觉得比老师读得好。谁来继续挑战这位男同学？

生17：（朗读全文）

师：读得真棒！为你点赞！

七、立体探究莲花品格

师：课文写了作者对莲花的喜爱之情，作者到底喜爱莲花的什么呢？

生18：出淤泥而不染，濯清涟而不妖。

师：嗯，这是一句名言。还有呢？

生19：中通外直，不蔓不枝，香远益清，亭亭净植。

师：还有呢？

生20：可远观而不可亵玩焉。

师：还有呢？

生21：花之君子者也！

师：在文章的第一部分，作者在那么多值得喜爱的花中说了一个菊、一个牡丹，然后才说“予独爱莲”。后面讲的全都是莲花的优秀品质。在第二部分，作者说菊是花中的隐士，牡丹富贵，莲是君子。这是拿莲花和菊花、牡丹作对比，而后得出莲花更值得去喜爱的结论。最后，作者说陶渊明之后喜欢菊花的人就很少了。和自己一样喜欢莲花的又有谁呢？喜欢牡丹的就很多了。总的来讲，作者说明他独爱莲花的原因。文章的大体内容我们清晰了，在进一步理解课文思想内容的基础上我们再来朗读课文吧，读出情感！

生 22：（朗读全文）

【屏显】

根据课文内容，说说作者心目中的君子具备了哪些美好品质。

生 23：君子不与别人争艳，也就是不与别人争荣华富贵。他“出淤泥而不染”，隐藏自己的实力。

师：很有思想，一家之言。

【屏显】

出淤泥而不染，濯清涟而不妖，中通外直，不蔓不枝，香远益清，亭亭净植，可远观而不可亵玩焉。

师：“出淤泥而不染，濯清涟而不妖”，这句说的是莲花的什么品质？

生 24：不受外界的干扰，保持自己良好的作风。

【屏显】

不与世俗同流合污

师：说得很好，就是不与世俗同流合污。

师：中通外直呢？

生 25：很正直。

【屏显】

通达正直

师：说得不错，就是通达正直。

师：不蔓不枝呢？

【屏显】

不攀附权贵

生（齐）：（恍然大悟）噢。

师：你看，藤蔓不都是围绕树的主干往上攀附的嘛，莲花却不这样。

师：香远益清呢？

生 26：名气越大越低调！

师：嗯，你反应很快，名气越大越低调，我觉得很有道理。还有没有别的观点？

生 27：有美好的品质，能让人耐心地去品味。

【屏显】

美名远扬

师：亭亭净植，可远观而不可亵玩焉呢？

生28：很纯洁，很绅士，很洁净。

生29：很清廉。

【屏显】

清白廉洁，仪态雅致

师：清白廉洁就是清廉的意思。非常好，请坐。

【屏显】

作者的人生态度是，既不像陶渊明那样消极避世，又不像世人那样追逐功名富贵，他要在污浊的世间特立独行，永远保持清白的操守和正直的品德。

师：这里，作者运用了什么写作手法？

生30：托物言志。

师：非常正确！托物言志，莲花就是君子的化身。作者通过莲花来表达自己的人生态度。

【屏显】

讨论：如何理解“出淤泥而不染”的人生境界？

师：“出淤泥而不染”的寓意是什么？

生31：不做坏事！

师：很直接，不做坏事。

【屏显】

“出淤泥而不染”的寓意

比喻从污俗的环境中走出来，却能保持纯真的品质而不沾染坏习气。

生32：干净。

师：干干净净地做人。好，请坐！

生33：出生在很恶劣的环境里，但是为了自己的初心去做，然后坚持，不改变自己。

师：环境再恶劣，但不忘初心，做最初的自己，做最好的自己。说得非常好！请坐。

生34：一生光明磊落，保持初心。

生35：不被红尘杂事、荣华富贵所迷惑，清廉正直。

生36：不被世俗的事情扰乱心境。

师：刚才同学们的发言都很精彩，一个个都像小思想家一样。

八、默写翻译，贵在落实

【屏显】

作业：默写、翻译全文。

师：这节课就上到这里，下课！

生：老师再见！

师：同学们再见！

教学艺术欣赏

创新才是硬道理！

孙春成老师的口头禅是教学要“常讲常新堂堂新”，这句口头禅我的理解就是“创新才是硬道理！”说实话，我们深圳市龙岗区的语文老师听孙老师的课都听得上瘾了，只要是孙老师的公开课，会场上一定座无虚席，这是为什么？孙春成老师在2017年第9期《中学语文教学参考》上发表了一篇文章《语文教学须要追求原创！》，给我们作了很好的回答。孙老师告诉我们：“你们为什么都爱听我的课？原因很简单，就是我的课和所有人的课都不一样，因为它是我独立备课原创的！我的每一节课，都是黑格尔说的‘这一个’。”孙老师是一个追求完美的人，同样一节课，你每次听，都会有改进，有发展，有创新！现在很多年轻人习惯吃现成，照抄别人的教学设计，懒于下功夫认真备课，挖掘教材，这是非常危险的。孙春成老师无疑给我们树立了很好的榜样！

孙春成老师所构建的课型，其实就是教学模式，但孙老师却不把它们模式化。孙老师反对墨守成规，拒绝教学模式化。他认为，教学应该有模式，但如果是教条主义，是万万不可取的。所以，孙老师对自己的教学课型，从来都是抱着批判的态度来使用的，在教学实践中不断改进和发展这些课型。

比如，孙老师的“文言文四步骤教学课型”第一步骤是“讲”，也就是讲解翻译，具体讲解清楚以下几点：重点实词、重点虚词、关键句式、所涉典故，最终达到学生能顺畅地直译和意译全文之效果。我以前听孙老师教学文言文，第一步骤都是他自己讲解文本，而且他还说过：“讲授法是语文教学的重要教学方法之一，不能因为搞课改，就全盘否定以往的教学，把好东西都丢掉，正如泼洗澡水把孩子也泼掉一样，这是很幼稚和肤浅的。”但是，孙老师讲《爱莲说》却一改常态，完全变老师被动的讲解为学生的自主翻译，这里明显有了重大改进和发展。我们要为这个改进喝彩！孙老师说：“这篇文章很简短也很浅显，现在请大家结合课下注释和老师补充的注释迅速将这篇文章翻译在练习本上。”这里，除了课下注释，孙老师还给学生提供了一定的补充注释，这就是一个创新。学生自主翻译完后，孙老师又展示自己的“参考译文”，告诉学生：“下一个环节，结合原文，对照屏幕上的参考译文，修改自己的翻译。”至此，老师依然不讲，依然是让学生自主学习，对照译文，自主修正，这又是一个创新。紧接着，孙老师又让学生填空，系统梳理本课的文言文知识，这还是一个创新。孙老师教学《爱莲说》在第一步骤的三个创新，价值就在于“以学生为主体，教师为主导”，这样，学生的自主学习能力提高了，还有利于知识的落实，因为听老师讲解不如自己自行学习得来的知识扎实。

这是我学习孙春成老师教《爱莲说》一课的最大收获！

第三章 古典诗词四环节教学课型

《雨霖铃·寒蝉凄切》教学实录

时间：2017 年 4 月 12 日（周三）上午 10：00—10：40

地点：陕西师范大学附属中学

学生：高 3 班

主题：陕西省高中骨干教师省级脱产研修班示范课

执教：孙春成

整理：刘毅

一、切题导入，激发兴趣

师：上课！

生（齐起立）：老师好！

师：请坐！

师：宋词是我国文学史上的瑰宝。宋代也被称为词的时代，有名垂千古的一代词宗李清照，还有范仲淹、王安石、司马光、苏轼等政治家也都是著名的词人。宋代社会对词的认同和推崇，使宋词佳作迭出，影响深远。今天，让我们共同来学习宋代柳永著名的《雨霖铃·寒蝉凄切》。

【屏显】

《雨霖铃》：词牌名。相传唐玄宗入蜀时在雨中听到铃声而想起杨贵妃，故作此曲。曲调自身就含有哀伤的成分。

师：了解了词牌“雨霖铃”，我们再来了解一下作者柳永。

【屏显】

柳永，北宋著名词人，婉约派代表人物。崇安（今福建武夷山市）人。官屯田员外郎。为人放荡不羁，终生潦倒。词风婉约，词作甚丰。《雨霖铃·寒蝉凄切》为柳永从汴京（今河南开封）南下时与一位恋人的惜别之作。

师：齐读一下。

生：（齐读）

师：柳永是婉约派代表人物之一。那什么叫作“婉约派”呢？

【屏显】

婉约派：宋词流派。婉约，即婉转含蓄。其主要特点是，内容侧重儿女风情，结构深细缜密，音律婉转和谐，语言圆润清丽，有一种柔婉之美。婉约派的代表人物有李清照、柳永、晏殊、欧阳修、秦观、周邦彦、李煜等。

师（强调）：婉约派是宋词的一大流派。婉约，即婉转含蓄。其特点主要是，内容侧重儿女风情，结构深细缜密，音律婉转和谐，语言圆润清丽，有一种柔婉之美。

二、示范朗读，整体感知

【屏显】

《雨霖铃·寒蝉凄切》 柳永

寒蝉凄切，对长亭晚，骤雨初歇。都门帐饮无绪，留恋处，兰舟催发。执手相看泪眼，竟无语凝噎。念去去，千里烟波，暮霭沉沉楚天阔。　　多情自古伤离别，更那堪，冷落清秋节！今宵酒醒何处？杨柳岸，晓风残月。此去经年，应是良辰好景虚设。便纵有千种风情，更与何人说？

师：老师给同学们示范朗读一下这首词，同学们看屏幕默读。

（老师有感情地朗读完毕。掌声如雷）

三、疏通文字，解读词意

师：谢谢！这首词说的是什么意思呢？我们共同来学习一下。先学上阕。

【屏显】

上阕：寒蝉凄切，对长亭晚，骤雨初歇。都门帐饮无绪，留恋处，兰舟催发。执手相看泪眼，竟无语凝噎。念去去，千里烟波，暮霭沉沉楚天阔。

注释：凄切：凄凉急促。长亭：古代在交通要道边每隔十里修建一座长亭供行人休息。靠近城市的长亭往往是古人送别的地方。都门：国都之门。这里代指北宋的首都汴京（今河南开封）。帐饮：在郊外设帐饯行。无绪：没有情绪。兰舟：这里用作对船的美称。凝噎（yē）：喉咙哽塞，欲语不出的样子。去去：重复“去”字，表示行程遥远。暮霭（ǎi）：傍晚的云雾。沉沉：深厚的样子。楚天：指南方楚地的天空。

师：请同学们结合注释，试着翻译一下这一部分。

（学生翻译）

师：大部分同学都翻译完了。好，谁来展示一下自己的翻译？

师：好，你来。

生1：（递给老师）

师：实物投影生1的翻译文字。

（师生共同点评、梳理、修正）

师：翻译得不错，基本正确，而且直译和意译相结合。

师：老师给大家一份参考译文，请快速对照修正自己的翻译。

【屏显】

秋后的蝉叫得是那样凄凉而急促，面对着长亭，正是傍晚时分，一阵急雨刚停。在京都城外设帐饯别，却没有畅饮的心绪，正在依依不舍的时候，船上的人已催着出发。握着手互相瞧着，满眼泪花，直到最后也无言相对，千言万语都噎在喉间说不出来。想到这回去南方，这一程又一程，千里迢迢，一片烟波，那夜雾沉沉的楚地天空竟是一望无边。

师：上阕主要写的是什么内容呢？

【屏显】

上阕饯别，写一对恋人难舍难分的离别之情。从日暮雨歇，送别都门，设帐饯行，到兰舟催发，泪眼相对，执手告别，依次层层描述离别的场面和双方惜别的情态，犹如带有故事性的戏曲，展示了令人伤心断肠的一幕。

师：齐读一遍。

师：上阕是写恋人难舍难分的离别之情。那下阕写什么呢？好了，我们来学习下阕。

【屏显】

下阕：多情自古伤离别，更那堪，冷落清秋节！今宵酒醒何处？杨柳岸，晓风残月。此去经年，应是良辰好景虚设。便纵有千种风情，更与何人说？

注释：今宵：今夜。经年：年复一年。纵：即使。风情：情意。男女相爱之情，浓情蜜意。更：还。

师：请同学们结合注释，试着翻译下阕。

（学生翻译）

师：同学大都翻译完了。好，谁来展示一下自己的翻译？

师：好，你来。

生 2：（递给老师）

师：（实物投影生 2 的翻译文字）

（师生共同点评、梳理、修正）

师：翻译得很好，很有想象力。

师：请快速对照老师给的参考译文修正自己的翻译。

【屏显】

自古以来多情的人最伤心的是离别，更何况又逢这萧瑟冷清的秋季，这离愁哪能经受得了！谁知我今夜酒醒时身在何处？怕是只有杨柳岸边，面对凄厉的晨风和黎明的残月了。这一去长年相别，相爱的人不在一起，我料想即使遇到好天气、好风景，也如同虚设。即使有满腹的情意，还能向谁诉说呢？

师：下阕写的什么呢？好，你说。

生 3：设想离别以后的情景。

师：基本正确。值得表扬！

【屏显】

下阕抒怀，设想别后情景。“多情自古伤离别，更那堪，冷落清秋节”，这一句点出离别冷落。“今宵酒醒何处”，遥接上阕“帐饮”，足见虽然“无绪”却仍借酒消愁以致沉醉。“杨柳岸，晓风残月”，则集中了一系列极易触动离愁的意象，营造出一个凄清冷落的怀人境界。“此去经年”以下词句，以情会景，放笔直写，由“今宵”想到“经年”，由“千里烟波”想到“千种风情”，由“无语凝噎”想到“更与何人说”，回环往复又一气贯通地抒写了“相见时难别亦难”的无尽愁思。

师：（重点强调讲解。略）

四、佳句赏析，画龙点睛

师：这首词的意思我们已经清楚了。这首词里，你最喜欢哪句话呢？你说。

生4：多情自古伤离别。

师：这句话很经典，因为他写的是真理！很好！继续发言。好，你说。

生5：我喜欢这一句："便纵有千种风情，更与何人说？"

师：能说说喜欢的理由吗？

生5：因为运用了反问，表达了相见难的痛苦之情。

师：很有道理！讲得真好！

师：继续发言。你说！

生6："今宵酒醒何处？杨柳岸，晓风残月。"因为这句话很有想象力，作者想到了离别后的情景。

师：非常棒！也就是说作者在这里的联想很丰富，是吧？

（板书：联想）

师：这几位同学的发言都很有道理。那么，在这三句词里，大家最喜欢哪一句呢？

（莫衷一是）

【屏显】

佳句赏析：今宵酒醒何处？杨柳岸，晓风残月。

师：我最喜欢这一句。原因有两点。

【屏显】

1. 设问起笔，展开联想，自问自答，无限悲伤。2. 意象鲜明，情景交融。"杨柳岸，晓风残月"，集中了一系列极易触动离愁的意象，营造出一种凄清冷落的怀人境界。寓"意"之"象"，一切景语皆情语。

（强调讲解"意象"。板书：意象）

五、探究写法，联想丰富

师：这首词最大的写作特点是什么呢？

【屏显】

联想丰富，虚实结合。虚中有实，虚景实写。

师：这首词最大的写作特点是联想丰富，虚实结合。虚中有实，虚景实写。

师：作者由帐饮想到酒醒，由今宵想到——

生（齐）：经年！

师：由千里烟波想到——

生（齐）：千种风情！

师：由无语凝噎想到——

生（齐）：更与何人说！

师：如此回环往复，一气贯通地抒写了“相见时难别亦难”的无尽愁思。

师：全词遣词造句不着痕迹，绘景直白自然，栩栩如生，起承转合优雅从容，情景交融，蕴藉深沉，将情人惜别时的真情实感表达得缠绵悱恻，凄婉动人。这首词堪称抒写别情的千古名篇，也是柳词和婉约词的代表作。

六、品读感悟，背诵默写

师：请一位同学朗读一下这首词。好，你给大家读读吧！

生7：（朗读）

师：读得很正确，很流畅，也有感情，只是感情不够。谁来挑战一下他？好，你来！

生8：（朗读）

师：不错！请坐。

师：要读出感情，我们首先要明确这首词的感情基调是什么。谁来发表意见？好，你说。

生9：凄婉悲凉。

师：你说得很对！因为是写一对恋人的离别之情，所以读起来就要缠绵悱恻，凄婉动人。那怎样才能读出这样的感情呢？

师：先说语调，应该高亢还是应该低沉？

生（齐）：低沉。

师：很好！再说语速，应该快还是应该慢？

生（齐）：慢。

师：好。就按这样的理解，你来读！

生10：（有感情地朗读）

（学生鼓掌）

师：读得已经很好了，感情也很饱满。但老师觉得味道还不够，听老师再示范朗读一次。

（教师示范朗读。掌声如雷）

师：细心的同学会发现，老师除注重了“语调”和“语速”的把握外，还注重把握什么？

（学生面面相觑）

师：还注重了“停顿”和“重音”。老师在哪两个地方停顿比较长呢？你说。

生11：在上阕和下阕之间。

师：正确。你能说说理由吗？

生11：这本身就是分段，上阕和下阕所写内容不一样，上阕写离别，下阕在抒怀。所以，应该用停顿区分开来。

师：你说得太精彩了。我觉得大家应该为他点赞！

（学生鼓掌）

师：还有一处老师的停顿明显较长，谁来说说，是哪里？好，你说！

生12：是“执手相看泪眼，竟无语凝噎”这句话的后面。

师：（击掌）你真是太聪明了！既然你都发现了，那就说说理由，为何我要在这里停顿较长时间呢？

生12：主人公都说不出话了，当然要停顿许久，起码让人家把话说完嘛。

（全班会意地哄笑）

师：你很善良，还有人文关怀，说得再恰当不过了，再精彩不过了！那就请你给大家读读这首词，好吗？

生12：好！

（生12读完，掌声雷动）

师：你完全可以上央视《朗读者》节目一展才华了啊！我就觉得你一点儿不比那些名家逊色！大家说，是不是啊？

生（齐）：是——

师：“执手相看泪眼，竟无语凝噎。”这句话究竟写的是怎样一种情景呢？我请咱们班两位同学表演一下，体验一下，心动一下！一男一女，谁毛遂自荐一下？

师：好吧，大家推选咱们班两个具有表演天赋的同学吧！

师：好啦，就你俩啦！

（一男一女走到讲台前面）

师：我画外音，你们按我说的节奏表演。执手……执手就是握手，但怎么个握法才能表现出两人的感情很深呢？这就要自己发挥了。

师：相看……恋人就要离开了，相看是怎样的？

生（齐）：含情脉脉。

师：对呀！看来都很有经验嘛！

（群笑）

师：泪眼……哦，眼里含着泪花。

师：无语凝噎……说不出话来。

师：他俩表演得怎么样呀？

生（齐）：（鼓掌）

师：很棒，找到感觉了！语文就是生活，语文课堂就是体验生活的课堂。

师：除了注重“语调”“语速”“停顿”，老师在朗读时还注重了什么呢？

生 13：重音。

师：非常正确。老师依次对这些词都重读了，“对”“初”“无”“催”“竟”“念”“阔”“更”“何处”“此”“应”“便”“更”“何人”“说”。

师：同学们，请大家在我们刚才探讨的基础上，读出词的意境来吧！

生（齐）：（齐读）

师：古人要读出词的意境，往往采用的是吟诵。吟诵是很讲究章法的，孙老师的吟诵没有那么多的讲究，只重视情感的抒发，大家想不想听我吟诵一下这首词呢？

生（齐。喜悦地）：想！——

师：那我就献丑啦！

师：（吟诵全词）

（吟毕。掌声雷动）

师：献丑啦，就是这样的味道。

师：现在给大家一点时间，请同学们大声地、有感情地朗读这首词，争取背诵下来。谁背会了，谁就举手示意。

（学生朗读约 3 分钟）

师：哦！许多人都会背诵了？老师提示一下，大家试着背诵一下。

【屏显】

寒（　　），对（　　），骤（　　）。

都（　　），留恋处，（　　）。执（　　），竟（　　）。念去去，千（　　），暮（　　）。

多（　　），更（　　）！今（　　）？杨柳岸，（　　）。此去经年，应（　　）。便（　　），更（　　）？

（学生齐背诵）

师：好棒！

师：今天的作业是默写这首词。好，今天的课到此结束，下课！

生（齐）：老师再见！

师：同学们再见！

教学艺术欣赏

贵在意境

孙春成老师的“古典诗词四环节教学课型”分为“讲、品、读、背”四个环节。讲，即通过讲解分析解读诗意。品，即通过品味词眼升华主旨。读，即通过感情朗读感悟诗情。背，即背诵默写注重落实。四个环节有逻辑顺序，不可随意颠倒。观摩了孙春成老师的《雨霖铃·寒蝉凄切》教学，我获益匪浅，主要学到了以下四点：

一是讲准词意。教学古典诗词，首先必须搞懂其字面意思，这就要通过讲解分析，解读明白诗意。孙老师在切题导入、示范朗读、整体感知之后，立即转入教学重心，让学生分上、下阕，结合注释，翻译全词。这个过程完全以学生为主体，学生自行翻译，然后老师提供参考译文，让学生比较学习，获得真知。老师则是主导，在个别关键的字词或句子处给以适当点拨，最终让学生明确了整首词的大致意思，这就为后面的教学打下了坚实的基础。

二是品出画意。在明确了整首词的大致意思的基础上，第二个环节就是抓住“词眼”，品析佳句，让学生好好品味，从而悟出诗情画意，悟出词的妙处，悟出词之所以能够千古流传的秘密，这个教学环节可谓画龙点睛。在这个品析的过程中，孙老师没有直接把“词眼”拿出来，让学生去品味，而是让学生讨论一番后再通过比较，寻找最佳答案。这个寻找的过程，就是探究学习的过程。“今宵酒醒何处？杨柳岸，晓风残月”，集中了一系列极易触动离愁的意象，一切景语皆情语，佳句品析的确品出了诗情画意。

三是读出词情。学习古典诗词，感情朗读不可或缺，通过感情朗读感悟诗情。孙老师的示范朗读，很有激情，很有感情，很有诗情！尤其是他指导学生朗读可谓一绝，十分到位，十分恰当，十分有效！比如，为了让学生理解“执手相看泪眼，竟无语凝噎”这句话的情境，让学生演读就特别有效，而且有利于活跃课堂气氛。尤其是孙老师从“语调、语速、停顿、重音”四个方面，对学生的朗读进行细致周详的指导，更是很接地气，令人拍案叫绝。

四是教出意境。教学古典诗词，贵在教出意境！孙老师的诗意解读，示范朗读，佳句赏析，写法探究，环环相扣，尤其是他的示范吟诵，更是赋予原作崭新的灵魂，将教学推向高潮，可谓意境全出，余音绕梁，令人回味无穷，收到了意想不到的教学效果。

第四章　现代文阅读教学三板块课型

《伟大的悲剧》教学实录

时间：2016 年 4 月 14 日（周四）下午 14：10—14：50

地点：深圳市龙岗区龙城初级中学

学生：七年级 1 班

主题：教研员示范课

执教：孙春成

整理：刘毅

一、情境导入，激发兴趣

师：全球哪里最寒冷？

生（齐）：南极。

师：究竟有多冷？谁知道？

【屏显】

北极平均气温：－18℃

北极最低气温：－66.7℃

南极平均气温：－50℃

南极最低气温：－88.3℃

人体温度：36.2℃～37.2℃

师：南极的最低气温是－88.3 ℃，而人体的温度是 36.2℃～37.2℃。可想而知，人们如果到了南极，那将是何种境况。南极的自然环境是何等恶劣啊！

师：探险，既是人类对未知的探寻，也是人类对自身的挑战。浩瀚的宇宙，哪里有奥秘，哪里就有人类探险的足迹。探险有成功的喜悦，也有失败的悲壮。

冰雪覆盖的南极，吸引了一批批勇敢的探险家。1911 年年底，挪威探险家阿蒙森和英国探险家斯科特，在南极展开了一场富于戏剧性又令人心酸的角逐。今天，我们要学习的课文，写的正是这场角逐后，斯科特这位失败的英雄和他的队员在归途中的悲壮覆没。

（板书课题：伟大的悲剧 ，茨威格/奥地利）

二、浏览课文，整体感知

师：请同学们浏览一遍这篇课文。

（约 3 分钟学生浏览完毕）

三、研读课文，感悟悲剧

师：好了。我们现在共同研读一下这篇课文。

【屏显】

虽然昔日逝去的光阴数以几百万个月计，但现在迟到的这一个月，却显得太晚太晚了——对人类来说，第一个到达者拥有一切，第二个到达者什么也不是。一切努力成了徒劳，历尽千辛万苦显得十分可笑，几星期、几个月、几年的希望简直可以说是癫狂。“历尽千辛万苦，无尽的痛苦烦恼，风餐露宿——这一切究竟为了什么？还不是为了这些梦想，可现在这些梦想全完了。”——斯科特在他的日记中这样写道。泪水从他们的眼睛里夺眶而出。

师：我请一位同学来给大家朗读一下屏幕上这段话。

生 1：（朗读文段）

师：非常好！这位同学了不起，第一次朗读就能读得非常准确，感情基调也把握得准确。请坐！

师：这段话主要写的是什么内容呢？好，你说。

生 2：写他们发现在争夺第一个到达南极的过程中，斯科特失败之后的沮丧心情。

师：非常正确！那么，在朗读的时候要想把这种沮丧的心情读出来，大家觉得应该怎么朗读呢？语速是快还是慢呢？

生（齐）：慢。

师：为什么语速应该缓慢？好，你说。

生 3：我觉得在朗读情感热烈、激动、喜悦、欢快的时候，速度应该稍快一点。但在朗读失望、悲伤、忧愁的情感的时候，语速要沉重、缓慢。

师：很好，语速应该缓慢。那么，朗读的语调方面，是该高亢还是该低沉？好，你说说。

生4：我觉得因为斯科特情绪非常低落，所以应该读得低沉一些，这样就会表现出斯科特的深沉和悲痛。

师：你分析得非常好！请你在刚才分析的基础上，再来有感情地朗读一下这一段落，好不好？

生4：（有感情地朗读）

生（齐）：（鼓掌）

师：同学们的掌声说明了一切。的确朗读得非常有感情，简直走进了斯科特的内心世界！

师：下面我们一起来读一下这一部分。预备齐。

生：（齐读）

师：此时，斯科特的心情是怎样的？你说。

生5：他的心情十分痛苦，甚至还有些绝望。

师：非常好。你从哪里看出来他有些绝望？

生5：第一个到达者拥有一切，第二个到达者什么也不是。一切努力成了徒劳，历尽千辛万苦显得十分可笑，几星期、几个月、几年的希望简直可以说是癫狂。“历尽千辛万苦，无尽的痛苦烦恼，风餐露宿——这一切究竟为了什么？还不是为了这些梦想，可现在这些梦想全完了。”

师：嗯，没有希望了，所以说“泪水从他们的眼睛里夺眶而出”。可以看出角逐的失败带给他的是无尽的悲伤。（板书：悲伤）我们继续来看下一部分。

【屏显】

挪威国旗耀武扬威、扬扬得意地在这被人类冲破的堡垒上猎猎作响。它的占领者还在这里留下一封信，等待着这个不相识的第二名的到来，他相信这第二名一定会随他之后到达这里，所以他请他把那封信带给挪威的哈康国王。斯科特接受了这项任务，他要忠实地去履行这一最冷酷无情的职责：在世界面前为另一个人完成的业绩作证，而这一事业正是他自己所热烈追求的。

师：齐读一遍。

生：（朗读文段）

师：这里，老师提一个问题。文中说“挪威国旗耀武扬威、扬扬得意……”

国旗怎么会耀武扬威、扬扬得意呢？

生6：这里运用了拟人的修辞手法，把国旗当作人来写。可以看出斯科特一行十分痛苦，以及十分难受、绝望的心情。

师：非常好！你抓住了这一部分的重点。请坐。

师：首先这位同学说运用了拟人的修辞手法，也就是说在斯科特他们眼里，这个国旗已经不是国旗了，而是人，是谁呢？是第一个到达南极的挪威的阿蒙森一行。是阿蒙森在得意扬扬，在向他们耀武扬威。这就更突出了斯科特绝望的心情。

师：不仅如此，阿蒙森一行还留下了一封信，让第二名带信给挪威的哈康国王。他们为什么要让第二名带一封信给他们的国王呢？好，你说。

生7：我觉得他们带有一点炫耀的成分，我们是第一个到达的，你们第二个到达的什么也不是。

师：有没有不同意见？

生8：我觉得主要目的是要让第二名给他们的业绩作证。

师：作证？作什么证？

生8：就是证明他们是第一个到达的。

师：噢，挪威人让第二名带信给他们的国王是为了证明自己是第一个到达南极的，是不是？这位同学的观点是“作证”。那么，斯科特接受了这个“作证”任务没有呢？我们来齐读下一部分。

【屏显】

斯科特接受了这项任务，他要忠实地去履行这一最冷酷无情的职责：在世界面前为另一个人完成的业绩作证，而这一事业正是他自己所热烈追求的。

师：嗯，他为什么要接受这个“最冷酷无情的职责”呢？他不接受不行吗？反正到达南极的就这几个人，是吧？谁来说说自己的看法？你说。

生9：我觉得这是斯科特对科学的一种尊重，也是对自己从事的探险事业的尊重。他承认第一个到达南极的不是他，但他们毕竟历尽万难也到达了南极，实现了自己的一个愿望，这是一种科学精神，值得我们学习。

师：你说得棒极了！出于对科学的尊重与热爱，他一定要接受这个任务。还有呢？好，你说。

生10：这里体现了斯科特的绅士风度，他坦然面对失败，而且诚实守信。

师：斯科特具有绅士风度？一家之言。很好！还有呢？好，你说。

生 11： 我觉得这体现了斯科特的诚信，第一个到就是第一个到，第二个到就是第二个到，这是谁都无法改变的事实。

师： 同学们回答得都非常好，看来不接受这个任务不行，因为它关乎诚信，关乎科学精神，还关乎英国人的绅士风度。尽管如此，这个任务在斯科特眼里依然是“最冷酷无情的”。那么，我们设身处地地想一想，此时此刻，斯科特的心情是怎样的呢？

生（齐）： 悲哀的。

师： 完全正确。（板书：悲哀）

师： 让我们大家怀着悲哀的心情朗读一下这一段落。

生（齐）：（有感情地朗读）

【屏显】

阅读那几天的日记是可怕的。天气变得愈来愈恶劣，寒季比平常来得更早。他们鞋底下的白雪由软变硬，结成厚厚的冰凌，踩上去就像踩在三角钉上一样，每走一步都要粘住鞋，刺骨的寒冷吞噬着他们已经疲惫不堪的躯体。……在阴森森的一片寂寞之中，始终只有这么几个人在行走，他们的英雄气概不能不令人钦佩。最能证明这一点的莫过于负责科学研究的威尔逊博士，在离死只有寸步之遥的时候，他还在继续进行着自己的科学观察。他的雪橇上，除了一切必需的载重外，还拖着 16 公斤的珍贵岩石样品。

师： 我请一位同学来读读这一段。

生 12：（朗读文段）

师： 你读得特别有感情，非常好！第一句说“阅读那几天的日记是可怕的”。从哪些地方能读出可怕？好，你说。

生 13： 天气越来越恶劣。还有……

师： 或者说你从哪些词语里读出了可怕？你说。

生 14： 刺骨的寒冷、阴森森的寂寞。

师： 你重读一下这段话，看看能不能读出那种可怕。请你再来读一下。

生 14：（朗读文段）

师： 好，请坐。谁来挑战一下他，说我比他读得更好，能够读出那种“可怕”。好的，你来。

生 15：（朗读文段）

师： 有没有发现他和刚才那位同学有一个字读音不同。“粘”是 zhān 还是 nián？

生（齐）： zhān。

师： 刺骨的寒冷不放过他们疲惫不堪的躯体。虽然他们已经非常疲惫，但是寒冷还是钻入他们的躯体。真可谓雪上加霜！谁来把这一段再有感情地朗读一下？

生 16：（朗读文段）

师： 非常好，请坐。如果我们也同样用一个带“悲”的词来形容此时斯科特他们遭遇的这种恶劣的环境，应该用个什么词？

生（齐）： 悲惨！

师： 正确。他们的遭遇非常悲惨。（板书：悲惨）

师： 在如此恶劣可怕的自然环境面前，他们是怎么做的？你最佩服他们什么呢？

生（齐）： 他们的英雄气概不能不令人钦佩！

师： 是的。探险队员的英雄气概不仅令人钦佩，而且令人十分感动！最令人感动的就是：“最能证明这一点的莫过于负责科学研究的威尔逊博士，在离死只有寸步之遥的时候，他还在继续进行着自己的科学观察。他的雪橇上，除了一切必需的载重外，还拖着 16 公斤的珍贵岩石样品。”请大家带着这份感动朗读一下这一段落。

生（齐）：（朗读文段）

师： 读得很好！这可怕的天气还会无情地、肆无忌惮地折磨他们。请看大屏幕。

【屏显】

一天，伙伴们可怕地发觉，他们中间最身强力壮的埃文斯突然精神失常。他站在一边不走了，嘴里念念有词，不停地抱怨着他们所受的种种苦难——有的是真的，有的是他的幻觉。从他语无伦次的话里，他们终于明白，这个苦命的人由于摔了一跤或者由于巨大的痛苦已经疯了。对他怎么办？把他抛弃在这没有生命的冰原上？不。可是另一方面，他们又必须毫不迟疑地迅速赶到下一个贮藏点，要不然……从日记里看不出斯科特究竟打算怎么办。2 月 17 日夜里 1 点钟，这位不幸的英国海军军士死去了。

师：（有感情地范读屏显段落）

（老师读完，学生鼓掌）

师：文章中说他们中间最身强力壮的埃文斯疯了，原因是因为摔了一跤或者是由于巨大的痛苦。你觉得哪个原因的可能性更大一些？好，你说。

生 17：我觉得应该是巨大的痛苦。

师：为什么？

生 17：因为刺骨的寒冷吞噬着他们已经疲惫不堪的躯体。对于他们来说，自然界是无情的。我觉得是巨大的痛苦。

师：摔了一跤，把人给摔疯了，可能性不大，是吧？巨大的痛苦应该是什么痛苦？

生 17：巨大的痛苦不仅是肉体上的痛苦，更是一种来自精神上的对环境绝望的痛苦。

师：你的回答十分全面，非常经典，一种是恶劣的自然环境带来的痛苦，另一种是精神上的痛苦。从精神上来讲，角逐的失败已经由最初的悲伤变成了可怕的痛苦，是吧？

生 17：嗯。

师：那么，对于这个已经疯了的人应该怎么办？他已经疯了，成了全队的累赘！把他抛弃在没有生命的冰原上？作者给出的答案是什么？

生（**齐**）："不"。

师："不"，你们觉得这一个字，这一句话，应该怎样去读？

生（**齐**）：坚决、坚定。

师：那谁来读读？好，你读。

生 18：对他怎么办？把他抛弃在这没有生命的冰原上？不。

师：老师问你，这个"不"字体现出什么意志？

生 18：坚决！

师：坚决不能把自己的队友抛弃。那你再读一下这个"不"字。

生 18："不"！

师：好多了。我们探究一下这个"不"字该怎样读吧！声调是高还是低？

生（**齐**）：高！

师：高到什么程度？

生（**齐**）：越高越好！

师：语速是快还是慢？

生（**齐**）：慢！

师：慢到什么程度？

生（齐）：稍慢。

师：好吧。按照这样的理解，你再来读一遍，老师相信你会读得更好！

生18：不！——

师：进步很大。就是要声嘶力竭地读出那种不愿抛弃队友的决心和意志！

师：结果如何？

生（齐）：这位不幸的英国海军军士死去了。

师：面对战友的遇难，斯科特他们却无能为力。我觉得“悲伤”一词已经不足以表达他们此时此刻的心情，应该用哪个词呢？

生19：悲痛。

师：英雄所见略同。（板书：悲痛）

师：下面这一段，我们找一位女同学来读，好不好？

【屏显】

清早起来，他们朝外一看，外面是狂吼怒号的暴风雪。

奥茨突然站起身来，对朋友们说：“我要到外边去走走，可能要多待一些时候。”其余的人不禁战栗起来。谁都知道，在这种天气下到外面去走一圈意味着什么。但是谁也不敢说一句阻拦他的话，也没有一个人敢伸出手去向他握别。他们大家只是怀着敬畏的心情感觉到：劳伦斯·奥茨——这个英国皇家禁卫军的骑兵上尉正像一个英雄似的向死神走去。

生20：（朗读文段）

师：“我要到外边去走走，可能要多待一些时候。”奥茨会用什么样的语气对队友说这句话呢？好的，你说。

生21：因为他不想成为大家的累赘，语气应该很坚定。

师：你说得很好。还有没有不同意见？奥茨在说这句话的时候除了坚定之外，还有什么样的表情或心理活动？

生22：我觉得除了坚定之外，他应该还有些绝望。

师：非常棒！你能说说为什么吗？

生22：因为他觉得自己肯定逃不出南极了，他不想成为大家的累赘，然后他就像英雄似的向死神走去了。

师：刚才两位同学说得都对！但是，除了“坚定”和“绝望”，奥茨在说这句话的时候，还有什么样的表情或心理活动？

（全场鸦雀无声）

师：（激动地）是不是还很“平静”啊?!“他们大家只是怀着敬畏的心情感觉到：劳伦斯·奥茨——这个英国皇家禁卫军的骑兵上尉正像一个英雄似的向死神走去。”这是一种视死如归的大无畏精神呀！

师：好！谁来读一读，读出奥茨的“绝望”“坚定”和“平静”，读出这种视死如归的大无畏精神！好，你来试读一下。

生 23：（有感情地朗读）

（全班鼓掌）

师：你读得很棒！掌声说明了一切！你甚至读出了一种悲壮。

（板书：悲壮）

四、探究主旨，伟大何在

师：前面我们一起研读了文中的 5 个片段，明白了这个故事很“悲伤”“悲哀”“悲惨”“悲痛”“悲壮”。下面我们再来思考一个问题——这篇文章的题目是“伟大的悲剧”，请大家思考这个“悲剧”“伟大”在何处。

【屏显】

你认为这个“悲剧”“伟大”在何处?

师：你说！

生 24：我觉得他们伟大在科学探险的过程，在这个过程中他们与大自然英勇搏斗。

师：一家之言。你说！

生 25：他们很诚信，很伟大！

师：有道理。你说！

生 26：我认为他们伟大在勇于探索，具有为事业献身的精神。

师：伟大在科学探索的精神。有道理！你说！

生 27：我觉得他们伟大在有一种坚忍不拔的精神。

师：比如呢?

生 27：比如他们没有向死神屈服，而是坚忍不拔地向死神挑战，直至全军覆没。

师：继续发言。好，你说。

生 28：我觉得他们伟大在团队精神，也就是集体主义精神！探险需要团结协作的精神，尤其是在关键时刻，为了保护同伴，要勇敢地献出自己的生命。这一点，斯科特和他的队员们都做到了！

师：很棒！老师为你点赞！好，继续，你说！

生 29：我觉得他们都很无私，这一点很伟大！

师：你能说得具体点吗？

生 29：比如，斯科特在生命的最后一刻，他想到的不是自己，而是别人，是朋友，是同伴，是妻小，是祖国和人民。他的遗书就证明了这一点。斯科特最后是怀着一种热烈的爱离开那个冰冷的世界的！

【屏显】

悲剧就是把人生有价值的东西毁灭给人看。——鲁迅

师：请齐读一下鲁迅的这句话！

师：正如这几位同学说的，他们伟大在他们的英雄气概，伟大在他们的科学研究精神，还伟大在他们的人格魅力。所以在课文的最后一段作者如是总结道（激情澎湃）：“一个人虽然在同不可战胜的厄运的搏斗中毁灭了自己，但他的心灵却因此变得无比高尚。所有这些在一切时代都是最伟大的悲剧。”

师：请全体起立，读一遍课文最后这一段话。

生：（齐读文段）

师：很好！请坐！

五、读写结合，升华主旨

【屏显】

课后作业：结合课文，给斯科特及其队友写一篇“悼词”。

师：这节课我们就上到这里，下课。

生（齐）：老师再见！

师：同学们再见！

教学艺术欣赏

悲剧何其伟大?

《伟大的悲剧》一课，完全符合孙春成老师的“现代文阅读教学三板块课型”，即“读、探、写”。伟大的悲剧，悲剧何其伟大？孙老师是这样展开教学的。

第一板块，研读课文，感悟悲剧。孙老师在情境导入和让学生整体感知之后，紧扣课题，引导学生研读课文，感悟悲剧之悲。这里，他采用了“段落教学法”，围绕教学主旨，将课文里的5个段落选出来，和学生共同学习、欣赏、探究。探究伟大的悲剧是什么，是“悲伤”，是“悲哀”，是“悲惨”，是“悲痛”，是“悲壮”。在研读的过程中，孙老师特别尊重学生对文本的个性化解读，采取“以读代讲、以读代析、以读代悟”的教学方法，一气呵成，浑然天成。尤其是指导学生有感情地朗读课文，十分精彩、到位。比如，指导学生18的朗读就很经典，很到位：

师：那么，对于这个已经疯了的人应该怎么办？他已经疯了，成了全队的累赘！把他抛弃在没有生命的冰原上？作者给出的答案是什么？

生（齐）：“不”。

师：“不”，你们觉得这一个字，这一句话，应该怎样去读？

生（齐）：坚决、坚定。

师：那谁来读读？好，你读。

生18：对他怎么办？把他抛弃在这没有生命的冰原上？不。

师：老师问你，这个“不”字体现出什么意志？

生18：坚决！

师：坚决不能把自己的队友抛弃。那你再读一下这个“不”字。

生18：“不”！

师：好多了。我们探究一下这个“不”字该怎样读吧！声调是高还是低？

生（齐）：高！

师：高到什么程度？

生（齐）：越高越好！

师：语速是快还是慢？

生（齐）：慢！

师：慢到什么程度？

生（齐）：稍慢。

师：好吧。按照这样的理解，你再来读一遍，老师相信你会读得更好！

生18：不！——

师：进步很大。就是要声嘶力竭地读出那种不愿抛弃队友的决心和意志！

还有，关于“悲壮”的探究，在学生说不出奥茨心里很“平静”这重要一点的时候，孙老师的及时点拨，可谓不愤不启，不悱不发！

师：“我要到外边去走走，可能要多待一些时候。”奥茨会用什么样的语气对队友说这句话呢？好的，你说。

生21：因为他不想成为大家的累赘，语气应该很坚定。

师：你说得很好。还有没有不同意见？奥茨在说这句话的时候除了坚定之外，还有什么样的表情或心理活动？

生22：我觉得除了坚定之外，他应该还有些绝望。

师：非常棒！你能说说为什么吗？

生22：因为他觉得自己肯定逃不出南极了，他不想成为大家的累赘，然后他就像英雄似的向死神走去了。

师：刚才两位同学说得都对！但是，除了“坚定”和“绝望”，奥茨在说这句话的时候，还有什么样的表情或心理活动？

（全场鸦雀无声）

师：（激动地）是不是还很“平静”啊?!“他们大家只是怀着敬畏的心情感觉到：劳伦斯·奥茨——这个英国皇家禁卫军的骑兵上尉正像一个英雄似的向死神走去。”这是一种视死如归的大无畏精神呀！

第二板块，探究主旨，伟大何在？整堂课就这样一个主问题。在第一板块研读透彻伟大的悲剧究竟是怎样的悲剧的基础上，这个教学环节应该是水到渠成。这个环节，孙老师充分发扬了民主，让学生畅所欲言。但在最后孙老师作总结的时候，屏显出鲁迅的名言：“悲剧就是把人生有价值的东西毁灭给人看。”然后，孙老师激情澎湃的结语，像是1分钟演讲，把教学推向了高潮：“正如这几位同学说的，他们伟大在他们的英雄气概，伟大在他们的科学研究精神，还伟大在他们的人格魅力。所以在课文的最后一段作者如是总结道：‘一个人虽然在同不可战胜的厄运的搏斗中毁灭了自己，但他的心灵却因此变得无比高尚。所有这些在一切时代都是最伟大的悲剧。’”

第三板块，读写结合，升华主旨。这一板块，虽然是课后作业，但也与整堂课的设计浑然一体，不可分割。给斯科特及其队友写一篇“悼词”，既是对课文的深入探讨，对课文主旨的再次升华，也是对学生进行良好的情感教育，可谓一举双得！

《春》教学实录

时间：2008 年 10 月 16 日（周四）下午 14：10—14：50

地点：深圳市龙岗区实验学校

学生：七年级 12 班

主题：初中语文教研员示范课活动

执教：孙春成

整理：刘毅

一、古诗导入，激发兴趣

【屏显】

春风又绿江南岸，明月何时照我还？

春色满园关不住，一枝红杏出墙来。

竹外桃花三两枝，春江水暖鸭先知。

律回岁晚冰霜少，春到人间草木知。

春城无处不飞花，寒食东风御柳斜。

师：请同学们齐读一下屏幕上的古诗。

生：（齐读）

师：同学们，这 5 句古诗有什么共同特点呢？

生（齐）：都是写春天的诗句。

师：大家都很聪明！一下子就看出来它们的共同特点。古往今来，文人墨客都喜欢描绘春天，赞美春天。今天，我们来共同学习朱自清的散文《春》，看看在朱自清的心目中和笔下，春究竟有怎样的色彩吧！

二、初读课文，整体感知

师：在学习之前，我先给大家范读一下这篇课文。

（师范读完毕，掌声四起）

师：给同学们几分钟时间，请同学们自由地、大声地、有感情地朗读一下这篇课文。

（学生朗读了大约 8 分钟）

师：好了，自由朗读到此为止。现在请一位同学给大家展示一下朗读情况，毛遂自荐。谁来？好，你来！

生 1：（有感情地朗读）

（读毕，学生鼓掌）

师：你读得太棒了！大家的掌声说明了一切！请坐！谁来挑战一下她？好，你很勇敢嘛，机会给你啦！

生 2：（有感情地朗读）

师：这篇文章，虽是散文，但又像一首诗。所以，朗读时要读出诗的意境，具体办法就是要张开想象的翅膀，在头脑中再现文中描绘的春景，感受大自然的蓬勃生机。谁来挑战一下这位同学？好，你来。

生 3：（有感情地朗读）

（读毕，掌声雷动）

师：你简直是个朗诵家，和赵忠祥有一比！老师表扬你！

三、以读代讲，个性解读

师：这篇文章写得这样优美，我们可得好好品味一番！现在，请同学们找出你最喜欢的句子或段落来，并说说喜欢的理由。（学生自言自语，哄哄吵吵）举手发言！好，你先说。

生 4：我喜欢这句话："一切都像刚睡醒的样子，欣欣然张开了眼。山朗润起来了，水涨起来了，太阳的脸红起来了。"

师：说说喜欢的理由。

生4：这句话运用了拟人的修辞手法，将春天万物复苏的景象精妙地呈现了出来。让我眼前仿佛看到了世间万物都睁开了眼睛，耳边犹如响起了它们的笑声。

师：哦，用了一个拟人的修辞手法，有道理。还有谁喜欢这句话呢？好，你说。

生5：描写春天的来临，一般都是"啊，春天来了""冬风吹过，春风袭来"什么的，但这里用了拟人的修辞手法，把春天的来临比作一个刚睡醒的人的样子。让人觉得欣欣向荣，万物复苏。

师：还有谁喜欢这句话呢？好，你说。

生6：这里运用了拟人的修辞手法，将春天比作人，有动作，有神态，同时还运用了排比的修辞手法，使句子更加生动、具体、形象，也写出了春天的无限生机。一句话读下来，能在脑海中烙印出一幅春的画卷，所以我喜欢这句话。

师：哦，你发现除运用了拟人的修辞手法外，还运用了排比的修辞手法，使句子更加生动、具体、形象，也写出了春天的无限生机。你比他好像略胜一筹呀！

师：那请你读一读这句话，读出春天万物复苏、欣欣向荣的味道来，好吗？

生6："一切都像刚睡醒的样子，欣欣然张开了眼。山朗润起来了，水涨起来了，太阳的脸红起来了。"

师：你觉得读这句话应该重读哪些词呢？

生6：我觉得应该重读"一切都""张开""朗润""涨""红"。

师：你说得挺好呀！来，再读一次，读出味道来。

生6："一切都像刚睡醒的样子，欣欣然张开了眼。山朗润起来了，水涨起来了，太阳的脸红起来了。"

生（齐）：（掌声）

师：挺好！进步很大！

师：继续发言！找出你最喜欢的句子或段落来，并说说喜欢的理由。好，你说。

生7：这句话写得不错："野花遍地是：杂样儿，有名字的，没名字的，散在草丛里，像眼睛，像星星，还眨呀眨的。"

师："不错"在哪里？

生7：这句描写将春天百花盛开的景象淋漓尽致地展现出来，让人眼前仿佛出现了这一景象，好似一幅春的画卷。地上好似一张地毯，翠绿的地上绣着各样的花。

师：的确不错！还有谁喜欢这一句呢？好，你说。

生8：这句话给人一种亲切感。这里把野花比作眼睛、星星，扑闪扑闪的感觉，让读者觉得像一个个孩子出现在你眼前，蹦蹦跳跳的，惹人怜爱。

师：回答得很有文学色彩啊！那请你读出这种惹人怜爱的感觉来，读读。

生8："野花遍地是：杂样儿，有名字的，没名字的，散在草丛里，像眼睛，像星星，还眨呀眨的。"

师：读得很棒！继续发言！好，你说。

生9：我欣赏这句话："鸟儿将巢安在繁花嫩叶当中，高兴起来了，呼朋引伴地卖弄清脆的喉咙，唱出婉转的曲子，跟轻风流水应和着。"作者运用拟人的修辞手法，生动形象地写出了这番"美景"，让人浮想联翩，仿佛那清脆的歌声萦绕在耳畔。

师：哦，你感觉到了美，你获得了美感！还有谁喜欢这一句？哦，你也喜欢？说说理由。

生10：这句话运用了拟人的修辞手法，用鸟儿的歌声、满树的繁花嫩叶凸显出春天来了，万物复苏，不仅使作者感到喜爱，连小鸟也高兴地一展歌喉。

师：请你这个可爱的"小鸟"也一展"歌喉"，好不好？你读读这句话，读出小鸟的高兴劲。

生10："鸟儿将巢安在繁花嫩叶当中，高兴起来了，呼朋引伴地卖弄清脆的喉咙，唱出婉转的曲子，跟轻风流水应和着。"

师：听了他的朗读，大家感受到快乐了吗？

生（齐）：感受到了！

师：老师也感受到了！他读得真不错！

师：继续发言！你说。

生11：我特别喜欢这句话："'一年之计在于春'，刚起头儿，有的是工夫，有的是希望。"它引用谚语来告诉读者，在春天时应有奋发向上的精神，有计划、有目标，花精力与时间去努力完成目标。春天，一切才刚刚开始。

师：很有见地！

师：还有谁发言？好，你说。

生12：我喜欢这句话："'吹面不寒杨柳风'，不错的，像母亲的手抚摸着你。风里带来些新翻的泥土的气息，混着青草味儿，还有各种花的香，都在微微润湿的空气里酝酿。”

师：为什么？

生 12：我喜欢的原因是这句话首先引用了一句古诗，运用比喻的修辞手法，体现出春风是温柔的。然后，还描写了春天来了，花开了，草绿了，空气里弥漫着清新的芳香。由春风入笔，体现了作者对春的喜爱。

师：由春风入笔，体现了作者对春的喜爱。就像母亲爱自己的孩子似的。很好！你的发言很有质量。

师：好，请你发言！

生 13：我喜欢这句话，是因为美和亲切。像母亲的手抚摸着你，也并非只抚摸着人们，让人感到很亲切；它还吹过了土地，吹过了草坪，吹过了花丛，将土地、草坪和花丛的气味混合在了一起，让人感到美好。不仅如此，它还会让人感觉到花朵的香气和嫩绿的小草也是通过春风的抚摸而出现的，也暗示了新的生命的诞生与成长。读这句话时，闭上眼睛，就好像真的感觉到轻风从身边拂过，闻到阵阵花香。

师：你很有想象力，也很有艺术品位！

师：继续发言。好，你说。

生 14：从这句话中，能感受到“春天来了，万物复苏”的景象。这句话运用比喻的修辞手法让人感受到春天如母亲般哺育大地，滋润万物。春风拂过，农民在春天播种时新翻的泥土的气息也随之而来；因为一场春雨过后，“春风吹又生”的小草也在努力地生长着，散发着自己独特的清香；各种盛开的花也在争奇斗艳，吐露芬芳。

师：你简直就是个文学评论家！很棒！（师举大拇指）还有谁喜欢这句话？好，你说。

生 15：引用古代诗句引出下文，将文章从花过渡到春风，也不显得生硬。诗句的好，后面的“不错的”一词也能体现出来。“像母亲的手抚摸着你”，运用拟人和比喻的修辞手法将“不寒”及柔和凸显出来，使风更有亲和力。后面的环境描写语言流畅、唯美。“酝酿”一词彰显出风的柔和，整句话为文章增添了些许春的气息，使文章更生动、更形象。

师：哦！厉害！你的点评也很“唯美”啊！

师：这么多同学都喜欢这句话，那么，咱们全班齐读一下这句话吧！

生（齐）：“‘吹面不寒杨柳风’，不错的，像母亲的手抚摸着你。风里带来些新翻的泥土的气息，混着青草味儿，还有各种花的香，都在微微润湿的空气里酝酿。”

师：大家的朗读水平真高！

师：继续发言。好，你说！

生16：这一句写得很精彩：“小草偷偷地从土里钻出来，嫩嫩的，绿绿的。园子里，田野里，瞧去，一大片一大片满是的。”

师：精彩在哪里？

生16：“偷偷地”一词运用拟人的修辞手法，把小草的活泼、生动、可爱描写了出来。“钻”字运用得非常传神，体现出小草生命的活力和春天的勃勃生机。

师：你说得也很精彩呀！

师：好。你说！

生17：这句话生动地描写了小草发芽时的情景，写出了小草的多以及形态各异。还说明了小草生命力旺盛，遍地都是。通过这句话我看到小草仿佛刚刚睡醒，正在嬉戏打闹的景象。

师：你很有想象力！很有表达力！你能不能给大家表演一下“小草偷偷地从土里钻出来”的情景？比如，这课桌面就是地面，你来，你在这课桌下，表演一下“小草偷偷地从土里钻出来”的样子。

（生17蹲在桌底下）

师：好啦！酝酿感情结束，开始！

（生17从桌底下猛地站起来。全班学生哄笑）

师：你这哪是偷偷地呀，分明是明火执仗嘛！偷偷地怎能猛地站起来？大家说，应该怎么表演才对？

生（齐）：慢腾腾地，悄悄地。

师：对！要慢点啊！再来一次！

（生17从桌底下慢腾腾地钻上来，东张西望）

师：这次怎么样？

（全班鼓掌）

师：你的悟性挺高的嘛！挺有表演天赋，很棒！

师：继续发言。好，你说！

生18：我喜欢这一句：“桃树、杏树、梨树，你不让我，我不让你，都开满了花赶趟儿。”“你不让我，我不让你”，写出了花与花之间在争艳，同时也写出了花的繁多，这里运用了拟人的修辞手法。

师：说得很好！继续发言。好，你说！

生 19：这一句也不错：“红的像火，粉的像霞，白的像雪。花里带着甜味儿；闭了眼，树上仿佛已经满是桃儿、杏儿、梨儿。”这句话采用了比喻和排比的修辞手法，写出了花儿争奇斗艳的景象，从视觉、嗅觉两个方面进行描写，还想象出秋天丰收的景象，令人不由得在脑海中浮现出“百般红紫斗芳菲”的场景。从“满”字可以看出花的数量之多，从“红”“粉”“白”字可以看出花的颜色之多。由眼前的花联想到秋天的果实，让人体会到时间的变换。

师：你可以当文学评论家了！说得太精辟了！掌声在哪里？

（全班鼓掌）

师：还有谁发言？

生 20：我特别喜欢这一段话：“春天像刚落地的娃娃，从头到脚都是新的，它生长着。春天像小姑娘，花枝招展的，笑着，走着。春天像健壮的青年，有铁一般的胳膊和腰脚，领着我们上前去。”

师：说说理由。

生 20：春天像刚出生的娃娃，正在慢慢成长，充满着生命的希望；春天像花枝招展的小姑娘，美不胜收；春天像健壮的青年，充满着活力和力量。春天正是奋斗的时候，告诉我们要努力奋斗。

师：你是诗人呀！你的文学天赋可以和朱自清媲美了！说得太好了！此处应该有掌声！

（全班响起雷鸣般的掌声）

师：请你根据你的理解，读出春天的“希望”，春天的“美”，春天的“力量”！

生 20：（有感情地朗读）

师：要注意把握感情基调，要读出春天的“希望”，春天的“美”，春天的“力量”！听老师范读一下，你再来读读！

生 20：（再读）

师：进步很大！大家齐读一下这一段话。

（全班齐读）

师：还有没有喜欢的句子？

生21：这个句子也很好："坐着，躺着，打两个滚，踢几脚球，赛几趟跑，捉几回迷藏。风轻悄悄的，草软绵绵的。"

师：好在哪里？

生21："打""踢""赛""捉"等词可以看出作者笔下的小草是多么活泼可爱。作者从小草联想到孩子在草地上玩耍，体现出春天万物复苏、生机勃勃的景象。"风轻悄悄的"，写出春风的轻柔，与冬天刺骨的寒风对比，写出春天的美好；"草软绵绵的"，写出草度过了冬天，醒来时发现又长了，软绵绵的，让人不禁想在上面睡一觉，做个好梦。

师：鼓掌！

（全班鼓掌）

师：我们班又出现了一个思想家和文学家！

四、撮其精要，励志教育

师：文中有一句谚语"一年之计在于春"，这句话什么意思？

生22：意思是春是一年的开始，应该把全年要做的事尽早安排好。

师：你说得完全正确！那"一日之计"呢？

生（齐）：一日之计在于晨。

师：那一个人的"一生之计"呢？

生（几乎齐）：在于青春！

师：棒极了！说得真好！一年当中最值得把握的季节是春季，一天之中最要抓紧的是早晨，引申义是要把握和珍惜每件事、每个时间段的一开始。一年的收成就在于春天的播种，不然秋后就不可能有收获。一天的学习就在于早晨用功晨读，只有这样才能学到自己应该掌握的知识。"一年之计在于春"这句话是我国劳动人民在长期的生产实践中总结出来的一条经验，它强调了春天在一年四季中所占的重要位置。古今中外，文人墨客对春的赞美诗更是比比皆是。人们还将人的年轻时期称为"青春"，歌颂春的创造力，强调春的宝贵。人的青春时期也是人一生中的春天，青春的创造力也是无穷的。珍惜宝贵青春的人，他就能创造出奇迹来，创造出财富来；反之，浪费青春年华，虚度青春的人，除了惭愧之外，将一无所得。

【屏显】

少年智则国智，少年富则国富；少年强则国强，少年独立则国独立，少年自由则国自由，少年进步则国进步。少年胜于欧洲，则国胜于欧洲；少年雄于地球，则国雄于地球。

师：请同学们齐读屏幕上这段话！

（全班齐读）

师：振兴中华，匹夫有责！同学们，你们正值少年时期，应该怎么做？

生（齐）：刻苦学习，报效祖国！

师：好样的！有志气！老师为你们感到骄傲！

五、理清思路，总结全文

师：现在我们来梳理一下作者的行文思路吧！第一段作者写了什么？

生（齐）：盼春。

师：很好。（板书：盼春）

师：第二段作者写了什么？

生 23：接着第一段末尾“春天的脚步近了”写“春天来到了”。

师：很棒！然后呢？

生 24：然后作者就开始描绘美丽的春天！

师：你具体说说，都描绘了怎样的春天？

生 24：先写了春草。

师：也就是第三段，是吧？

（板书：春草报春）

师：接着说。

生 24（其他学生也在说）：然后写了春花。

师：对！

（板书：春花争春）

师：也就是第四段。然后呢？

生 24（其他学生也在说）：然后写了春鸟。

师：是不是可以这样概括——

（板书：春鸟唱春）

生（齐）：可以。

师：接着说。

生 24（其他学生也在说）：然后写了春雨。

师：对！

（板书：春雨润春）

师：然后写那些老老小小干吗呢？

生（齐）：放风筝，舒筋骨。

师：是不是可以这样总结，人们在——

（板书：喜迎新春）

生（齐）：是！

师：最后三段话怎么概括？

生（齐）：赞美春天！

师：很棒！

（板书：颂春）

师：大家看板书，这就是这篇散文的内容结构，非常简约而清晰。

师：请同学们再有感情地齐读一遍课文！

（全班齐读）

六、读写结合，学以致用

师：好的。同学们，今天的课就上到这里，布置作业——

【屏显】

请模仿课文最后三个段落，运用比喻和拟人的修辞手法，选择下面某一个季节，写几句赞美的话：夏天，秋天，冬天。

教学艺术欣赏

让学生进行独立的脑力劳动

《春》这篇散文，显然属于孙老师的“现代文阅读教学三板块课型”范畴，即“读、探、写”。整理完孙春成老师的这一教学实录，不得不为孙老师的教学艺术所折服，可以说，这一课孙老师将“现代文阅读教学三板块课型”的精髓展现得淋漓尽致。这堂课给我多方面的启发，择要谈几点自己的学习收获，与同道分享。

一、先说“探”。探什么？探究文本

这堂课，孙老师充分发挥了学生探究文本的主体能动性，让学生进行独立的脑力劳动。苏霍姆林斯基在《给教师的100条建议》中指出，所谓“研究性学习”就是“让学生进行独立的脑力劳动”。“以读代讲，个性解读”——“以读代讲”指的是，教师不须讲解文意，而是让学生通过品读感悟文意；“个性解读”指的是，教师不须讲解文意，而是让学生通过独立思考，讲出各人对文本的理解。在这一板块的教学过程中，孙老师引导、启发、鼓励、点拨、发展学生主体个性化解读文本的水平体现得十分透彻。

在学生“初读课文，整体感知”的基础上，孙老师先抛出一个看似很平常并牵一发而动全身的问题：“请同学们找出你最喜欢的句子或段落来，并说说喜欢的理由。”这个问题，可谓一石激起千层浪，掀起了学生的思维风暴。学生都有思考，都有话可说，都对文本有自己独到的解读。这一板块的教学是教学的重点，所以，孙老师不惜用时，让学生充分发表自己的见解，有19位同学在这个环节中发言，展示了自己的智慧；同时，又让学生以读代悟、以读代析文本，老师则是以读代讲、精准指导。课堂上高潮迭起，美不胜收。试举两例：

例一：

生6：这里运用了拟人的修辞手法，将春天比作人，有动作，有神态，同时还运用了排比的修辞手法，使句子更加生动、具体、形象，也写出了春天的无限生机。一句话读下来，能在脑海中烙印出一幅春的画卷，所以我喜欢这句话。

师：哦，你发现除运用了拟人的修辞手法外，还运用了排比的修辞手法，使句子更加生动、具体、形象，也写出了春天的无限生机。你比他好像略胜一筹呀！

师：那请你读一读这句话，读出春天万物复苏、欣欣向荣的味道来，好吗？

生6：“一切都像刚睡醒的样子，欣欣然张开了眼。山朗润起来了，水涨起来了，太阳的脸红起来了。”

师：你觉得读这句话应该重读哪些词呢？

生6：我觉得应该重读“一切都”“张开”“朗润”“涨”“红”。

师：你说得挺好呀！来，再来读一次，读出味道来。

生6：“一切都像刚睡醒的样子，欣欣然张开了眼。山朗润起来了，水涨起来了，太阳的脸红起来了。”

生（齐）：（掌声）

师：挺好！进步很大！

例二：

生10：这句话运用了拟人的修辞手法，用鸟儿的歌声、满树的繁花嫩叶凸显出春天来了，万物复苏，不仅使作者感到喜爱，连小鸟也高兴地一展歌喉。

师：请你这个可爱的“小鸟”也一展“歌喉”，好不好？你读读这句话，读出小鸟的高兴劲。

生10：“鸟儿将巢安在繁花嫩叶当中，高兴起来了，呼朋引伴地卖弄清脆的喉咙，唱出婉转的曲子，跟轻风流水应和着。”

师：听了他的朗读，大家感受到快乐了吗？

生（齐）：感受到了！

师：老师也感受到了！他读得真不错！

对学生的精彩发言，孙老师不失时机地从不同的角度给予点拨、评价。这样精彩的鼓励性评价俯拾即是：“很有见地！”“你的发言很有质量。”“你很有想象力！也很有艺术品位！”“你简直就是个文学评论家！”“大家的朗读水平真高！”“你说得也很精彩呀！”

二、再说“读”和“写”

“读”就是朗读。这一课的朗读，分为“初读课文，整体感知”这一板块性朗读和教学过程性朗读。在“初读课文，整体感知”这一板块，朗读课文很有层次，共分三个层次：一是教师范读课文，起到示范引领之效；二是学生自由朗读课文，收到模仿巩固训练之效；三是学生展示性朗读，达到感情朗读佳境。在教学过程中，孙老师让学生根据对文本的理解进行品读。比如，孙老师说：请你根据你的理解，读出春天的“希望”，春天的“美”，春天的“力量”！这一教学环节，数这一段“演读”最为精彩：

师：你很有想象力！很有表达力！你能不能给大家表演一下“小草偷偷地从土里钻出来”的情景？比如，这课桌面就是地面，你来，你在这课桌下，表演一下“小草偷偷地从土里钻出来”的样子。

（生17蹲在桌底下）

师：好啦！酝酿感情结束，开始！

（生17从桌底下猛地站起来。全班学生哄笑）

师：你这哪是偷偷地呀，分明是明火执仗嘛！偷偷地怎能猛地站起来？大家说，应该怎么表演才对？

生（齐）：慢腾腾地，悄悄地。

师：对！要慢点啊！再来一次！

（生 17 从桌底下慢腾腾地钻上来，东张西望）

师：这次怎么样？

（全班鼓掌）

师：你的悟性挺高的嘛！挺有表演天赋，很棒！

“写”就是写作练习。这一课孙老师根据教学内容安排，把这一环节布置为课后作业，比较合理。尤其是孙老师设计的写作题，很有针对性，有利于读写结合、学以致用和能力迁移：请模仿课文最后三个段落，运用比喻和拟人的修辞手法，选择下面某一个季节，写几句赞美的话：夏天，秋天，冬天。

三、教学艺术炉火纯青

这一课，除了将孙老师构建的“现代文阅读教学三板块课型”精髓展现得淋漓尽致之外，在教学艺术上可谓炉火纯青。我学到了三点：一是古诗导入，非常切题，而且能起到激发学生学习兴趣之效。这一环节巧妙之处在于孙老师精选的古诗句，都是描写“春”的句子。二是抓住谚语“一年之计在于春”，拓展教学思路，对学生进行励志教育，让这一节课闪耀着人文的光辉，教学的深度、宽度和厚度实现了三维立体效果。三是教学最后，与学生共同理清作者行文思路，总结概括全文，让学生的思维由发散到收束，这一招十分难能可贵，可谓匠心独运。很多老师，对学生的思维，只会放得开，信马由缰，但却收不拢，这正说明教学缺乏内功。

第五章　童话寓言三析法课型

《赫耳墨斯和雕像者》教学实录

时间：2015 年 4 月 16 日（周四）下午 14：10—14：50

地点：深圳市龙岗区龙城初级中学

学生：七年级 8 班

主题：教研员示范课

执教：孙春成

整理：刘毅

一、扣题导入

【屏显】

寓言《农夫与蛇》全文（无标题）。

师：同学们，首先我们来齐读屏幕上这个故事。

生：（齐读）

师：这个故事叫什么名字？

生（齐）：农夫与蛇。

师：我们再来看一则故事，谁来给大家读一读这个故事？

【屏显】

寓言《狼和小羊》全文（无标题）。

师：你是这节课第一个举手的同学，老师要表扬你。

生（齐）：（鼓掌）

生 1：（读故事）

师：老师发现我们龙城初中的同学非常厉害，第一次读这篇文章就能读得如此准确、流利，并且还读出了感情。这个故事叫什么名字呢？

生（齐）：狼和小羊。

师：老师想问一下大家，这两则故事有一个什么共同的特点呢？

师：嗯，大家说得很好，在结构上它们都是讲一个故事然后说明一个道理。像这种类型的文章叫什么呢？

【屏显】

寓言故事。

生（齐）：寓言。

师：什么是寓言故事呢？我们一起来读一读这个寓言知识卡片。

【屏显】

寓言知识卡片。

生（齐）：（读寓言相关知识卡片）

师：通过阅读这则寓言知识卡片，我们知道了寓言是通过假托的故事来讲述一个道理。什么是假托的故事呢？

生2：不是真的。

生3：虚构的。

师：我们还知道了学习寓言最重要的是要理解寓言所寄寓的意味深长的道理。世界上最早的寓言集是什么？

生（齐）：伊索寓言。

师：我们今天就来学习一篇伊索寓言，题目是《赫耳墨斯和雕像者》。

二、故事简析

师：谁来给大家读一遍课文？

生4：（读课文）

师：读得非常好，但有一个字的字音没有读准确，大家发现没有？

师：嗯，庇护的“庇”不读 pì 而应该读作 bì。谁来挑战一下她，再来给大家读一遍？

生5：（读课文）

师：老师觉得你的音色非常漂亮。另外，你一定是一个非常善于讲故事的同学。下面我们就一起来读一下这篇文章好不好？

生（齐）：（读课文）

师：我们来看看这篇文章先后出现了哪些人物。

生6：赫耳墨斯。

生7：雕像者。

生8：宙斯。

生9：赫拉。

师：我们来了解一下文中出现的这几个人物的背景。

【屏显】

关于宙斯、赫拉和赫耳墨斯的介绍。

三、寓意解析

师：现在我们把这三位神的背景以及他们之间的关系弄清楚了。刚才，我们在读寓言知识卡片的时候了解了学习一则寓言最重要的是什么？

生：了解故事所蕴含的道理。

师：我们一起来感悟、品析这则寓言所蕴含的意味深长的道理。这则寓言在最后揭示寓意的时候，说这个故事适用于那些爱慕虚荣而不被人重视的人。那么老师的问题是：你从哪里看出赫耳墨斯是一个爱慕虚荣并且不被人重视的人？

师：反应非常快，来，你先说。

生10：我从第一句话"赫耳墨斯想知道他在人间受到多大的尊重，就化作凡人，来到一个雕像者的店里"，可以看出赫耳墨斯想把自己看得重一点，想让自己的雕像卖得贵一点，可以看出他是一个爱慕虚荣的人。然后从最后一段雕像者说，"假如你买了那两个，这个算添头，白送"，可以看出他不被重视。因为宙斯和赫拉的雕像都在一个银元或一个银元以上，而如果买了这两个，赫耳墨斯的雕像就可以作为赠品赠送。这就可以体现出他在人间并不十分受重视。

师：你的表述非常流畅，思路也很清晰。你从第一句看出了他爱慕虚荣，从雕像者的回答听出了赫耳墨斯根本不受重视。那么，你觉得赫耳墨斯在商人眼里有什么样的价值？

生10：我觉得赫耳墨斯在商人眼里也同样是一个神，但是商人并没有把他看得像其他神那样珍贵，商人只是把赫耳墨斯当作一个给顾客留下好印象的赠品。

师：也就是说，在雕像者的心中，赫耳墨斯是被轻视的，是不是？那么，你能不能用非常轻视的语气把雕像者这句话给大家读一下？

生10：假如你买了那两个，这个算添头，白送。

师：大家说他读得够不够轻视？

生（齐）：不够！

师：嗯，不够，你能不能再来读一遍，老师相信你可以读得更好。

生 10：假如你买了那两个，这个算添头，白送。

师：这次读得行不行？

生（齐）：不行。

师：为什么？

师：对，太平淡，没有情感。应该强调哪个词呀？

师：对！强调“这个”。谁来读一下？

生 11：假如你买了那两个，这个算添头，白送。

师：很有诱惑力，你很适合做商人。还有没有人想试一下？好，你来！

生 12：假如你买了那两个，这个算添头，白送。

师：嗯，你也非常适合做商人。

师：你也想试一下？

生 13：假如你买了那两个，这个算添头，白送。

师：嗯，你太厉害了。一起来试一下，好不好？

生：（齐读）假如你买了那两个，这个算添头，白送。

师：继续我们的问题，你还能从哪里看出他的爱慕虚荣和不被人重视？

生 14：我从“后来，赫耳墨斯看见自己的雕像，心想他身为神使，又是商人的庇护神，人们对他会更尊重些”这些心理描写，看出他十分爱慕虚荣。

师：你从他的心理活动看出他是一个爱慕虚荣的人。你觉得赫耳墨斯进行这些心理活动时，他的心情是怎样的？

生 15：宙斯和赫拉的雕像都不是很贵，我觉得此时他应该是很得意的。

师：你能不能给大家把这段心理活动用很得意的语言表达出来？

生 16：“后来，赫耳墨斯看见自己的雕像，心想他身为神使，又是商人的庇护神，人们对他会更尊重些。”

师：大家觉得得意吗？

生（齐）：有一点。

师：现在请你把文中的“他”改成“我”，再来读一遍。

生 16：“后来，赫耳墨斯看见自己的雕像，心想我身为神使，又是商人的庇护神，人们对我会更尊重些。”

师：读得很棒！

师：大家从赫耳墨斯的心理活动看出他是一个爱慕虚荣的人，从商人的回答看出他不受重视。其实还有一处，大家发现没有？

生17：我觉得还有一个地方可以看出他有点爱慕虚荣。他来到人间本来是想看看自己受到多大的尊重，可他却不是先问自己的雕像值多少钱，而是先问宙斯和赫拉的雕像的价格。他想通过对比显示出自己的地位有多么高。什么众神之王啊，众神之王的妻子啊，都不如他。所以，从这里也可以看出他爱慕虚荣。

师：说得真好，你太聪明了！我们应该用掌声鼓励一下他。赫耳墨斯正想通过对比来凸显自己的地位。由此我们可以看出，但凡爱慕虚荣的人都非常看重自己在别人心里的地位。

四、语言赏析

【屏显】

“语言描写”知识卡片。

师：刚才我们学习了这篇寓言的寓意，下面我们就来仔细品味一下赫耳墨斯在文中所说的话。请齐读屏幕上的这段话。

生：（齐读）语言描写是塑造人物形象的重要手段。最佳的语言描写能使读者获得“如闻其声，如见其人”的深刻印象。

师：让我们一起来看一下赫耳墨斯的语言能不能让我们如闻其声，如见其人。在这篇寓言中赫耳墨斯一共说了几句话？

生（齐）：三句。

师：嗯，三句，确切地说是三个问句。请大家想一想，他这三次询问价格时的语气和他的心理活动是不是一样的呢？

生18：请大家看第一句，我觉得他在问宙斯的雕像值多少钱的时候有点漫不经心，并不是特别重视。而在后面问自己的雕像价格的时候就非常重视。并且从这两句的对比中也可以看出他是非常爱慕虚荣的。

师：很好！老师听到你在说第一次问话的时候用了一个词叫“漫不经心”，请你漫不经心地给大家问一次好不好？

生18：这个值多少钱？

师：够不够漫不经心？

生（齐）：不够。

师：再来一次。

生18：这个值多少钱？

师：好，读出了爱慕虚荣，并且语气把握得很到位。结果雕像者是怎么回答的？

生（齐）：一个银元。

师：赫耳墨斯听到一个银元后有什么反应？

生（齐）：高兴。

师：有一个词表露了他的内心。

生（齐）：“笑”。

师：对，“笑”，他为什么会笑呢？

生19：当他听到宙斯的雕像才值一个银元时，他觉得自己的雕像应该比宙斯的贵一些，所以他很得意。

师：嗯，他很得意，所以他又笑着问赫拉的雕像的价格。请你笑着问下赫拉的雕像值多少钱。

生19：赫拉的雕像值多少钱？

师：慢一点，再来一次。

生19：赫拉的雕像值多少钱？

师：没有笑，重来。

生19：赫拉的雕像值多少钱？

师：不错。请大家想想，读赫耳墨斯笑着问这句话的时候，应该强调哪一个词？

生20：“赫拉”！

师：抓得很准，再试一次。

生20：赫拉的雕像值多少钱？

师：强调了赫拉但没有笑。你要一边笑着，一边强调赫拉。老师相信你可以读得更好，来，再来一次。

生20：赫拉的雕像值多少钱？

师：嗯，是不是比刚才好些了？谁再来试一下？

生21：赫拉的雕像值多少钱？

师：强调了“赫拉”，很厉害。赫耳墨斯觉得赫拉的雕像应该怎样呢？

生（齐）：更便宜。

师：结果雕像者给出的答案是什么？

生（齐）：还要贵一点。

师：这个赫耳墨斯绕来绕去，又是问宙斯的雕像又是问赫拉的雕像，其实他最想问的是什么？

生（齐）：自己的雕像。

师：对，自己的雕像。现在他终于要问自己雕像的价格了。在问之前，赫耳墨斯有一段心理活动，我们来齐读一下。

生：（齐读）"后来，赫耳墨斯看见自己的雕像，心想他身为神使，又是商人的庇护神，人们对他会更尊重些。"

师：有了这段心理活动作铺垫，你觉得此时赫耳墨斯心里是怎么想的？

生22：我觉得此时的赫耳墨斯有些担忧，但更多的是得意扬扬。首先，他本来觉得赫拉的雕像价格应该比宙斯的雕像价格更便宜一些，结果出乎意料的是更贵一些，所以这为他添了一丝担忧。但是心想，自己是商人的庇护神，人们对他应该会更尊重些，所以他会得意扬扬。这里也可以看出他对宙斯、赫拉雕像价格的一种轻蔑。

师：女孩子的心思就是细腻，你连赫耳墨斯心里的那一丝担忧都想到了。你以后一定会成为一位非常优秀的心理学家。来，未来的心理学家，请你带着这样一点点担忧和更多的得意扬扬的语气把这句话问出来，好吗？

生22：这个值多少钱？

师：大家可以听出她强调了哪一个词？

生（齐）："多少"。

师：嗯，"多少"。有没有同学觉得还可以有不同的读法？

生23：我觉得应该强调"这个"，因为他是想突出自己。

师：读一下。

生23：这个值多少钱？

师：读得很好。下面我们来把这句话齐读一下。

生：（齐读）这个值多少钱？

师：雕像者是怎么回答的？

生24："假如你买了那两个，这个算添头，白送。"

师：正当赫耳墨斯有很高期望值的时候，却被当头泼了一盆冷水。雕像者知不知道自己做错了什么？

生（齐）：不知道。

师：雕像者想要把雕像卖出去，所以拿赫耳墨斯的雕像作为诱惑。刚才已经有两位同学诱惑过了。刚才，我们把赫耳墨斯的这三句话分别作了仔细的品析，我们知道他在说每一句话的时候都有不同的心情。下面我想请两位同学分别扮演赫耳墨斯和雕像者来重读这段对话。

【屏显】

对话片段。

生 25：赫耳墨斯。

生 26：雕像者。

师：请到前面来。

生 27：还有旁白，还有道具。

师：还有道具？哦，需要雕像，谁来当雕像？（生 28、29、30 上前当雕像。生 25 和生 26 分角色朗读对话）

师：请等一下，刚才我们品读赫耳墨斯这三句话的时候说第一句应该怎么读，还记不记得？

生（齐）：漫不经心的。

师：第二句呢？

生（齐）：笑着。

师：第三句？

生（齐）：得意扬扬。

师：雕像者想把商品卖出去，所以他这一句，前半句应该真诚，后半句应该读出轻蔑。再试一次。

生 25 和生 26：（重新朗读对话）

师：好，谢谢。让我们再一次用掌声对这三位雕像表示感谢，谢谢！

师：我们通过读赫耳墨斯的语言更加了解了赫耳墨斯是这样一个如此爱慕虚荣又不被人重视的人。现在我们再来把课文齐读一遍。

生（齐）：（读课文）

师：老师觉得这一次比刚上课时读得要好很多！

五、寓言续编

师：现在大家都知道了赫耳墨斯是这样一个爱慕虚荣的人。请大家想一想，当这么爱慕虚荣的赫耳墨斯听到自己的雕像居然被当作添头白送的时候，会有怎样的反应？

生31：他会非常生气，回到神殿之后利用神力让那些商人经历一场灾难。

师：很好。还会怎么做？

生32：他回到神殿之后可能会嫉妒他爸妈，然后把他爸妈杀了。

师：你的想象力非常丰富，但这样是不是有悖人伦？

生33：赫耳墨斯听到自己的雕像一分钱都不值，他很生气，就把商人杀了。

师：这个暴力倾向严重啊！有没有其他的结局？

生34：他会诅咒雕像者一个雕像都卖不出去。

生35：他可能以后会做很多好事，让商人记住他。

师：嗯，这是一个善良的赫耳墨斯。

生36：他想挽回一点自己的自尊，问："我单买这个雕像多少钱？"

师：好，如果他这样问，故事会怎样继续发展？

生36：雕像者会说："半个银元。"

师：然后呢？

生36：赫耳墨斯会很生气，然后回去了。

生36：赫耳墨斯气得现出原形说："我的雕像怎么会一分钱不值呢？"然后商人说算了算了，那就把这个雕像卖三个银元，比那两个都贵一点。然后赫耳墨斯走了之后，商人说该死的赫耳墨斯，本来就不值钱，我就要把你当添头。

师：你很会写小说！

生37：我觉得赫耳墨斯回到天庭可能会和他父母不合，闹完之后可能会离家出走。

生38：我觉得赫耳墨斯回到天庭之后会尽力讨好父母，让他父母把他的官职再升几级，让他的地位得到提高。

师：地位提高了就能得到更多的尊重吗？一个人能不能得到别人的尊重和地位有关系吗？

生39：我觉得赫耳墨斯会把这三个雕像都买下来，然后自己在人间开个雕像商店，如果有人问价，他会说赫耳墨斯的雕像值两个银元，赫拉的雕像值半个银元，如果你买了这两个，宙斯的雕像就当作添头，白送。

师：嗯，刚才我们大家的续编都不错，还有没有不同的结局？

生40：我的开头和他们的有点一样，就是赫耳墨斯现出原形准备大发雷霆。

这时一个正准备买雕像的老者目睹了全过程，走过来对赫耳墨斯说："你不能这么爱慕虚荣，不然你会更加得不到尊重！"后来赫耳墨斯改变了自己，慢慢变得更好了。

师：她抓住了爱慕虚荣，很好，需要改变！

生41：他可能会把这个雕像买回去放在自己家里，把这个雕像当作耻辱，提醒自己更好地帮助商人，让别人更加尊重自己。

师：嗯，把这个雕像作为警醒，很好！

生42：我觉得赫耳墨斯也会现出原形质问商人为什么把自己的雕像卖得一文不值。雕像者会说："我们把您的雕像当作添头，是好让我们的商品卖出去。这会让我们的生意更加兴隆，也正好起到了你这个商业神的作用。这是更加尊重您的表现。"

师：你真是一位非常睿智的商人！

师：我从大家的回答中不仅听出了各种各样的赫耳墨斯，还听出了各种各样的同学，有的善良，有的睿智，有的聪明，有的幽默。最后我们一起来读一下屏幕上的一句话。

生（齐）：啊！……

师：不够大声。

生（齐）：啊！……

师：继续！

生：寓言原来说的就是我们自己啊！

师：下课，同学们再见。

生：老师再见！

教学艺术欣赏

短文长教，匠心独运

孙春成老师的"童话寓言三析法课型"是指教童话寓言类课文时应有三个环节，即故事简析、语言赏析、寓意解析。教学时应根据文章的篇幅长短、寓意深浅使三个环节有所侧重，其核心是寓意解析。《赫耳墨斯和雕像者》这则寓言通篇只有171个字，故事情节非常简单，寓意也很浅显。一般的教学处理往往是蜻蜓点水，或者仅以文本作引子，漫无边际地拓展，抑或干脆让学生自读了之。但孙老师对这篇短文的处理却让人眼前一亮：灵动不失厚重，简洁而不简单，可谓匠心独运。

一、切题导入，一箭双雕

人的认识活动的发展规律，是从感性到理性再到实际的。孙老师的导入正暗合了这一规律。《农夫与蛇》《狼和小羊》几乎是每个孩子在幼儿时期就都耳熟能详的寓言故事，通过引导学生思考两个故事的共同点，让学生自己总结出寓言的特点，再顺势展示寓言的定义——以假托的故事寄寓意味深长的道理，给人以启示，使学生对寓言的认识水平在不知不觉中由感性认识上升到理性认知。这个导入的设计既能激发学生的兴趣，又十分切题，丝毫没有雕琢感，可谓鞭辟入里，一箭双雕。

二、以读代讲，体验生活

一切语言文字都是对生活的反映与思考。学生对文本不理解或理解不深刻，主要问题往往不在文字，而在缺少生活体验，或者是缺少对生活体验的唤起。孙老师在处理语言赏析这一环节时，紧紧抓住赫耳墨斯的三句问话，让学生反复朗读，并且不断加以引导，其目的就是要唤起学生相似或相关的生活体验。在引导学生揣摩赫耳墨斯的心理活动时，学生对“后来，赫耳墨斯看见自己的雕像，心想他身为神使，又是商人的庇护神，人们对他会更尊重些”这句话总是很难把握，孙老师灵机一动，让学生将语句中的第三人称“他”改成第一人称“我”之后再来朗读，果然，学生豁然开朗。钱梦龙老师说“朗读是语文教学的常规武器”，孙老师可以说是把这个“常规武器”运用得炉火纯青了。

三、续编寓言，匠心独运

写是读的延续与升华。我觉得寓言续编这个环节是最能体现孙老师匠心独运的。“请大家想一想，当这么爱慕虚荣的赫耳墨斯听到自己的雕像居然被当作添头白送的时候，会有怎样的反应？”这个承前启后的问题一抛出，立刻将课堂气氛推向了另一个高潮，几乎全班的同学都抢着举手回答。短短的5分钟内就有12名同学发表了不同的看法。然而，更让人叹为观止的是孙老师的结课方式。一句“我从大家的回答中不仅听出了各种各样的赫耳墨斯，还听出了各种各样的同学，有的善良，有的睿智，有的聪明，有的幽默”，这便巧妙地将课堂转向了语文教学承载的育人功能。最后全班同学大声齐读“啊！寓言原来说的就是我们自己啊！”既非空洞的说教也非生拉硬扯，而是不着痕迹，浑然天成。

第六章 名著导读课型

《简·爱》教学实录

时间：2016 年 4 月 14 日（周四）下午 14：10—14：50

地点：深圳市龙岗区龙城初级中学

学生：八年级 11 班

主题：初中语文教研员示范课活动

执教：孙春成

整理：刘毅

【屏显】

我无法控制自己的眼睛，忍不住要去看他，就像口干舌燥的人明知水里有毒却还要喝一样。我本来无意去爱他，我也曾努力地掐掉爱的萌芽，但当我又见到他时，心底的爱又复活了。

师：请大家来齐读屏幕上的这段话。

生：（齐读）

师：大家从这段话里读出了什么信息啊？

生（齐）：爱情。

师：什么样的爱情啊？能说具体点吗？来，你说。

生 1：虽然想要忘掉他，可是见到他还是忍不住去看他，忘不掉他。

师：真爱就这样发生了，是吧？你说得非常好，请坐。

【屏显】

邂逅爱情

故事发生在 19 世纪早期英国的一个偏远山村。

孤女简·爱应聘到桑菲尔德庄园做家庭教师，和庄园的男主人罗切斯特邂逅了爱情。在一次家宴上，罗切斯特故意向一位漂亮小姐大献殷勤，以之来试探简·爱对自己的爱情，结果……

【屏显】

播放电影《简·爱》片段

师：这是电影《简·爱》中的一个片段。刚才大家听清楚电影里罗切斯特和简·爱的对话了吗？

生（齐）：记得一点点。

师：不要紧，老师整理出来了。

【屏显】

影片中罗切斯特与简·爱的对话：

罗：简，你一定要留下！

简：对你来说，我算什么呢？一部没有感情的机器？是否你觉得我贫穷，难以理解，平庸而且渺小，所以我是没有灵魂、没有内心的？我有和你一样的灵魂，一样丰富的内心！如果上帝也赐给我财富和美貌，我将让你难以离开我，正如我难以离开你。我不是用我终会死去的肉体和你说话，我是用我的灵魂在向你倾诉。如果我们的灵魂走出坟墓，并站在上帝的脚下，我们的灵魂是平等的，就像现在这样！

师：现在我就是罗切斯特，请一位同学来扮演简·爱，和老师一起来读一下这段对话。

生2：（举手）我来。

师：好，开始吧！

师：“简，你一定要留下！”

生2：“对你来说，我算什么呢？一部没有感情的机器？是否你觉得我贫穷，难以理解，平庸而且渺小，所以我是没有灵魂、没有内心的？我有和你一样的灵魂，一样丰富的内心！如果上帝也赐给我财富和美貌，我将让你难以离开我，正如我难以离开你。我不是用我终会死去的肉体和你说话，我是用我的灵魂在向你倾诉。如果我们的灵魂走出坟墓，并站在上帝的脚下，我们的灵魂是平等的，就像现在这样！”

师：我们班同学举手的不多，但只要举手的，就出手不凡。读得太棒了，你就是在世的简·爱。

师：刚才我们了解到，简·爱在罗切斯特家里做家庭教师，他们相爱了。为了试探简·爱是否真的爱他，罗切斯特在一次宴会上当着简·爱的面向一位漂亮的小姐大献殷勤。结果简·爱吃醋了，要离开桑菲尔德庄园。这段对话就是在这种情形下发生的。下面老师来把这段对话读一下。

（老师朗读屏显对话）

师： 这是对平等的呐喊，这是对自由的呼唤，这是对爱情的宣言！简·爱说的这段话非常有名，史称“简·爱爱情宣言”。简·爱的爱情观是怎样的呢？

生3： 平等的。

师： 什么平等？

生3： 地位。

师： 是灵魂平等！精神平等！

【屏显】

爱情遇阻

简·爱答应了罗切斯特的求婚。当婚礼正在进行时，突然有人指证，罗切斯特早已结婚。法律阻碍了他们的爱情，使两人陷入了深深的痛苦之中。

师： 很显然，他们的爱情遇到了挫折。

【屏显】

我曾那么爱罗切斯特先生，还几乎把他当成了上帝。虽然现在我也不认为他是邪恶的。但我还能再信任他吗？还能回到他身边吗？我知道我必须离开他。对我来说他已不是过去的他，也不是我想象中的他了。我的爱情已失去，我的希望已破灭，我昏昏沉沉地躺在床上，只想死去。黑暗慢慢把我包围起来。

我无法控制自己的眼睛，忍不住要去看他，就像口干舌燥的人明知水里有毒却还要喝一样。我本来无意去爱他，我也曾努力地掐掉爱的萌芽，但当我又见到他时，心底的爱又复活了。

师： 谁来朗读一下屏幕上这两段文字？好的，你来。

生4：（朗读屏显内容）

（全班掌声）

师： 读得非常棒，同学们的掌声就说明了一切，请坐。

师： 我觉得大家不应该只是鼓掌，大家都应该向这几位同学学习，积极展示自己的才华。

师： 下面谁再来读一下这一部分？

生5：（朗读屏显内容）

师：这两个自然段表达了简·爱什么样的情绪呢？

生5：悲伤。

师：简·爱怎么了？简·爱失恋了，是不是啊？她痛苦、悲伤、纠结、煎熬，酸甜苦辣咸，五味杂陈。下面听老师来读一下。

（师朗读屏显内容）

师：要读出那种悲伤，要读出她对罗切斯特的那种深沉的爱。下面来齐读一遍。

生：（齐读）

师：在真爱遇阻的时候，只有两条路可以选择，一个是前进，另一个则是撤退。简·爱选择了什么呢？

生（齐）：前进。

【屏显】

追求真爱

简·爱被迫去寻找新的生活，偶遇表兄圣·约翰，他请求简·爱嫁给他，简·爱却拒绝了。

师：简·爱被迫去寻找新的生活，偶遇表兄圣·约翰，圣·约翰向她求爱，简·爱却拒绝了。为什么要拒绝呢？

【屏显】

"别在我身上浪费时间了，找一个适合你的人吧，圣·约翰。"

"简，跟我结婚你绝不会后悔的。"

"我瞧不起你的爱情观。"我不由自主地说。"只要你能说服我嫁给你的确是上帝的意志，那么我此刻就可以发誓嫁给你，不管以后会发生什么。"

"我的祈祷应验了！"圣·约翰失声叫道。他用胳膊紧紧地搂住我，几乎像是爱着我。我挣脱了，警告他："和你结婚，等于杀了我！"

师：谁来读一下这一部分？好，你来。

生6：（朗读屏显内容）

师：你虽然读得不太准确，"我的祈祷应验了"你读成"我的祈祷显灵了"，但是你读得很有情感。下面听老师来读一遍。

（师朗读。掌声热烈）

师：为什么简·爱说"和你结婚，等于杀了我"？

生6：她爱的是罗切斯特。

师：说明简·爱把爱情视作自己的生命一样珍贵，是不是啊？“我瞧不起你的爱情观”，这句话说明简·爱对圣·约翰的爱情观持什么态度？

生7：鄙视。

师：现在我们就来读一下简·爱的这两句话。第一句要读出那种鄙视，谁来读？

生8：“我瞧不起你的爱情观。”

师：读得非常好，重读了“瞧不起”。下一句“和你结婚，等于杀了我”，这是在警告，“警告”要怎样读出来？

生9：“和你结婚，等于杀了我！”

师：你觉得要读出简·爱的那种果断和决绝，哪个词要重读？

生9：“杀了我”。

师：主要是哪个字？

生9：“杀”。

师：很好，主要是“杀”这个字要读得狠一点，音调要高一点，声音要大一点。你再来尝试一下，肯定比刚才读得好。

生9：“和你结婚，等于杀了我！”

师：这样读，感情就表达出来了。

师：简·爱说：“只要你能说服我嫁给你的确是上帝的意志，那么我此刻就可以发誓嫁给你，不管以后会发生什么。”简·爱说的这句话是什么意思？

生10：是反话，不可能和他结婚。

师：对！反语！这不可能是上帝的意志，那么，上帝在这里是谁呢？就是简·爱自己嘛！我都不同意，你还能强迫我嫁给你吗？但是圣·约翰呢？他一门心思想娶简·爱，他就以为简·爱说这话是答应他了，所以他失声叫道：“我的祈祷应验了！”他激动得音色都变了，你可以想象一下他当时的情形。谁来读一下这句话？把圣·约翰那种愚昧的喜悦、盲目的激动读出来。

生11：“我的祈祷应验了！”

师：读得确实好，这句话应该强调哪里？

生11：“应验了！”

师：你再来读一下。

生11：“我的祈祷应验了！”

师：“我的祈祷应验了！”（教师范读）再来。

生 11：“我的祈祷应验了！”

师：齐读一遍。

生：（齐读屏显内容）

【屏显】

终获爱情

简·爱回到了桑菲尔德庄园，宅子已被大火烧成废墟，罗切斯特也受伤致残。简·爱坚持要嫁给罗切斯特……

师：简·爱回到了桑菲尔德庄园，庄园已被烧成了废墟，罗切斯特也受伤致残。简·爱坚持要嫁给罗切斯特。

【屏显】

罗切斯特悲观地说：“可是你有钱了，可以说你什么都有。不用说，如今你有朋友会照顾你，不会容许你忠实于一个像我这样的瞎眼瘸子！”

简·爱回答道：“我同你说过我独立了，先生，我自己可以做主。我愿当你的邻居、你的护士、你的管家。我发觉你很孤独，我愿陪伴你，读书给你听，同你一起散步，同你坐在一起，侍候你，成为你的眼睛和双手。别再那么郁郁寡欢了，我的亲爱的主人，只要我还活着，你就不会孤寂了。”

师：我们找一个罗切斯特，再找一个简·爱，分角色读一下这段对话。

师：来，你来扮演罗切斯特。再挑一个搭档来扮演简·爱。咱们班上有没有一个女孩儿你觉得她很优秀，很羡慕她的？

生 12：尹旭雯。

师：好，尹旭雯来扮演简·爱。开始。

生 12：“可是你有钱了，可以说你什么都有。不用说，如今你有朋友会照顾你，不会容许你忠实于一个像我这样的瞎眼瘸子！”

生 13：“我同你说过我独立了，先生，我自己可以做主。我愿当你的邻居、你的护士、你的管家。我发觉你很孤独，我愿陪伴你，读书给你听，同你一起散步，同你坐在一起，侍候你，成为你的眼睛和双手。别再那么郁郁寡欢了，我的亲爱的主人，只要我还活着，你就不会孤寂了。”

师：罗切斯特先生说的这段话应该带着什么样的情感啊？

生 12：悲观。

师：嗯，悲观，很好。人悲观的时候说话的音调应该是低沉还是高昂？

生 12：低沉。

师：语速一般应该慢还是快？

生12：慢。

师：那你试着再读一下。

生12："可是你有钱了，可以说你什么都有。不用说，如今你有朋友会照顾你，不会容许你忠实于一个像我这样的瞎眼瘸子！"

师：你看最后一句是不是感叹号啊？是不是要重读啊？老师读一下，你认真听。

师：（教师范读）"瞎眼瘸子"要强调，声音要大一点，是不是啊？再来一次。

生12："可是你有钱了，可以说你什么都有。不用说，如今你有朋友会照顾你，不会容许你忠实于一个像我这样的瞎眼瘸子！"

师：声音是比刚才大了，但情感还有些不够，好，请坐，"罗切斯特先生"。我们再来说说"简·爱女士"。你刚才的朗读，语速很急，罗切斯特先生很悲观，你把想照顾他的心情表达出来了，但我们可以看到，虽然简·爱很急，可她还是在耐心地给罗切斯特先生做思想工作，所以说话还是要耐心一点。你再来读一下。

生13："我同你说过我独立了，先生，我自己可以做主。我愿当你的邻居、你的护士、你的管家。我发觉你很孤独，我愿陪伴你，读书给你听，同你一起散步，同你坐在一起，侍候你，成为你的眼睛和双手。别再那么郁郁寡欢了，我的亲爱的主人，只要我还活着，你就不会孤寂了。"

师：进步很大嘛，很聪明，悟性很高，请坐。下面听老师来范读一下。

师：（范读屏显内容）简·爱的思想工作做得很有激情，罗切斯特已经成了一个瞎眼瘸子，但简·爱还是始终不渝地爱他，还要做他的眼睛和双手，要陪伴他，读书给他听，陪他一起散步。只要她还活着，就不会让罗切斯特孤寂。这是什么？

生（齐）：真爱。

师：真正的爱情嘛，伟大的爱情嘛，是不是啊？

生（齐）：是。

师：同学们的精神和灵魂难道真的如此苍白？大胆地说出自己的观点吧。

师：简·爱和罗切斯特的爱情应不应该感动上帝啊？应不应该有一个完美的结局啊？

生：应该！

【屏显】

电影《简·爱》片段

师：这是电影里面关键的一个特写镜头。罗切斯特答应了，简·爱和罗切斯特相拥在一起，罗切斯特说："这是一个梦。"简·爱说："那么就让它醒来吧。"他们两人"有情人终成眷属"。

【屏显】

讨论：我们应该如何树立正确的爱情观？

生14：爱情不是通过金钱、也不是通过权力来定义的。像古代有很多的贵族官员，都希望自己的女儿嫁给那些有权有势的人。这不能算是爱情。

师：那算什么？

生14：顶多算是一场交易。在爱情里，没有金钱，没有权力，人的灵魂都是平等的。我觉得正确的爱情观是不在乎金钱、不在乎美貌的。就算你再有钱、再美丽，但你的心是恶毒的也没用。

师：非常好。继续发言。

生15：如果你喜欢一个人，那个人不喜欢你，你也没必要强求。因为强求对双方都没有好处。

师：你的发言很独特，请坐。

生16：我觉得真正的爱情是双方都在付出，而不是仅仅只有一方付出。

师：哦！爱情是一种付出！有道理！

生17：我觉得爱情就应该是不离不弃，就像罗切斯特和简·爱，即使罗切斯特已经残疾了，她还要跟着他，照顾他。

师：爱情要不离不弃，很棒！请坐。

生18：爱情是不畏困难的，在爱情里，无论遇到什么样的困难都是可以克服的。

师：对，爱情的力量无比强大！请坐。

生19：我们每个人都应该遵循自己内心的想法，当两个人相爱的时候，无论遇到什么样的困难，都是可以用爱去克服的。

师：我在中央电视台《星光大道》栏目看到过这样一个故事：一个长得很漂亮的女大学生嫁给了一个摆地摊的，每天和丈夫一起推着一辆三轮车卖衣服，现在女儿都很大了。人家过得也很幸福，很快乐啊。这个例子就说明你说的"无论遇到什么样的困难，都是可以用爱去克服的”观点十分正确！给你点赞！

（全班鼓掌）

【屏显】

《简·爱》简介

《简·爱》是19世纪英国著名女作家夏洛蒂·勃朗特的代表作，是一部具有自传色彩的作品。

小说引人入胜地展示了男女主人公曲折起伏的爱情经历，赞扬了以精神平等、人格独立为基础的爱情观。

简·爱所象征的女性理想和追求已经超越了时空，成为人们心中永恒的经典。

师：请齐读屏幕内容。

生：（齐读屏幕内容）

师：同学们，你们想知道简·爱更多的故事吗？想和她进行灵魂的对话吗？

生（齐）：想！……

师：那就赶快去阅读《简·爱》吧，简·爱正在那里等着你呢！

师：这节课就上到这里，下课！

生（齐）：老师辛苦了，老师再见！

师：同学们再见！（背景音乐翁倩玉《爱的奉献》响彻教室）

教学艺术欣赏

蒙太奇手法的妙用

我们所说的名著导读是指课前导读。一本名著，少说也有十几万字，面对鸿篇巨制，在学生阅读名著前上一堂“名著导读”课，怎么上？这实际上给老师提出了一个难题：如何在一堂课40分钟内教学一本书？这是一个崭新的课题。深圳市龙岗区在两三年前就在孙春成老师的带领下深入研究此课题，终于发现一个规律：“蒙太奇”是名著导读教学设计的基本方法。孙春成老师的《简·爱》一课，很好地佐证了这一规律。

一、“剪辑镜头”与“选择教材”

蒙太奇就是把“剪辑的镜头”组接起来，那名著导读教学的蒙太奇就是把“选择的教材”（文段）组接起来，这里的关键是选材。在几十万字的名著里选择40分钟的教学素材，相当于沙里淘金。选材的过程，就是熟悉名著、吃透名著、发掘名著的复杂繁重的备课过程，是对名著再提炼、再重组、再创作的过程。

蒙太奇的意义是，当不同的镜头组接在一起时，往往会产生各个镜头单独存在时所不具有的含义。蒙太奇的组接原则是遵循生活逻辑、推理顺序、作者的观点倾向及其美学原理。孙老师上导读名著课，则是按照他对作品的理解、讲故事的逻辑，以及课堂教学的艺术原理所确立的“教学的主旨”来组接的。《简·爱》选择了“邂逅爱情”“爱情遇阻”“追求真爱”“终获爱情”四个片段，让学生了解了简·爱追求“灵魂平等”“人格独立”的爱情故事。

二、“教学主旨”与“教学高潮”

蒙太奇的功能是，通过镜头、场面、段落的分切与组接，对素材进行选择和取舍，以使表现内容主次分明，达到高度的概括和集中。这“达到高度的概括和集中”在电影艺术里是指电影要表达的主题思想，在名著导读教学艺术里则是指一堂课的“教学主旨”。

教学《简·爱》，当学生了解了简·爱追求“灵魂平等”“人格独立”的伟大爱情后，孙老师投影出“简·爱爱情宣言”：“是否你觉得我贫穷，难以理解，平庸而且渺小，所以我是没有灵魂、没有内心的？我有和你一样的灵魂，一样丰富的内心！如果上帝也赐给我财富和美貌，我将让你难以离开我，正如我难以离开你。我不是用我终会死去的肉体和你说话，我是用我的灵魂在向你倾诉。如果我们的灵魂走出坟墓，并站在上帝的脚下，我们的灵魂是平等的，就像现在这样！”和学生欣赏咀嚼。最后，孙老师的激情演讲把教学推向了高潮：“这是对平等的呐喊，这是对自由的呼唤，这是对爱情的宣言！”这个环节对学生进行了爱情观的教育。

三、“悬念收尾”与“激发兴趣”

电影结尾留有“悬念”可以收到令人回味之效，名著导读教学以“悬念”收尾可以激发学生的探求欲望和学习兴趣。导读《简·爱》，课尾，孙老师问学生：“你们想知道简·爱更多的故事吗？想和她进行灵魂的对话吗？”学生异口同声地说:“想！”孙老师则顺势一转:“那就赶快去阅读《简·爱》吧！”

《童年》教学实录

时间：2016年10月20日（周四）下午14：10—14：50

地点：广东省中山市纪念中学三鑫双语学校

学生：七年级18班

主题：三鑫教育集团孙春成“名著导读”示范课活动

执教：孙春成

整理：刘毅

一、歌曲导入，切入话题

【屏显/歌曲】

池塘边的榕树上
知了在声声地叫着夏天
操场边的秋千上
只有蝴蝶停在上面
黑板上老师的粉笔
还在拼命叽叽喳喳写个不停
等待着下课
等待着放学
等待游戏的童年
……

师：同学们，会唱这首歌吗？

生（齐）：会。

师：那就跟着一起唱吧！

生：（齐唱）

师：这是什么歌啊？

生（齐）：罗大佑的《童年》。

师：下面请大家分享一下你的童年是如何度过的。

生1：我童年的前半段是在家里享福，后半段就忙于补习班，或是在各种技能培训班中辗转。

师：你说说前半段在家里享什么福？

生1：早晨起来，饭已经做好了，衣服已经挂好了，牙膏、牙刷也已经准备好了，还有人帮忙穿鞋穿袜子，然后送我上学。

师：这些都是谁做的啊？

生1：要不就是佣人，要不就是我外公、外婆。

师：家里还有佣人？你真幸福！像个小皇帝。还有谁来分享一下自己的童年？你说。

生2：我的童年是在读书中度过的。

师：童年在读书中度过，读书就是最好的陪伴。

师：你说说。

生3：我的童年是跟昆虫一起度过的。每天什么事都不想干的时候就去捉青蛙，然后把青蛙放在盆子里，看它游泳。

师：玩青蛙啊，挺有意思，挺快活吧？

生3：是的。

师：我就知道。因为这一段时间，我的孙女也迷恋上青蛙了，刷牙用青蛙样子的牙刷，穿鞋穿青蛙样子的鞋，坐椅子坐青蛙样子的椅子，穿衣服穿青蛙图案的衣服，买玩具买青蛙样子的玩具，吃饭都要说这是青蛙饭，每天活在青蛙的世界里，好快活！

师：好，你说。

生4：我的童年是和朋友一起度过的。无聊的时候我就去找我的朋友一起出去玩。

师：你们一起都玩什么啊？

生4：抓鱼。

师：抓来鱼以后呢？

生4：烧或者烤着吃。

师：一边玩，一边还美餐了，挺有趣的。

师：好，你说。

生5：我读幼儿园的时候，每到周五爸爸就请假带我出去玩。

师：你爸亲自带着你去玩？

生5：是啊，带着我去池塘抓鱼，有时候带我去看蟾蜍。

师：陪伴就是一种爱。多幸福啊！

师：总的来说，大家的童年都过得很——

生（齐）：快乐！

师：对！过着快乐的童年！就像刚才歌曲里唱的"游戏的童年"。

二、欣赏文段，知晓故事

【屏显】

在我的记忆中，那段生活，仿佛是由一个善良而且极端诚实的天才用美妙的语言讲出来的一个悲惨的童话。

（教师范读屏显内容）

师：我们今天的主人公就没有大家这么幸运了，他的童年非常"悲惨"。

【屏显/电影《童年》阿廖沙被逐出家门与小伙伴告别出去流浪的片段】

师：影片中这个小孩是谁呢？阿廖沙！

【屏显】

阿廖沙三岁丧父，母亲把他寄养在外公家。外公是个开染坊的小业主。由于家业衰落，外公变得脾气暴躁，专横暴戾。

一天，阿廖沙出于好奇，把一块白桌布投进染缸里染成了蓝色，结果……

师：结果会怎样呢？

生（齐）：挨打。

师：你们好聪明！

【屏显】

外公打完表哥，竟然平静地说："现在，为桌布的事，该轮到你了！"

外婆立即向我奔来，一把搂住我喊道："不准你打他，不准你打他！你这个恶魔！"

外公向她扑过去，将她推倒在地，一把抓住我，就往凳子上拖。我在他手中拼命地挣扎，揪他红胡子，咬他手指头。他暴跳如雷，紧紧夹着我，最后终于把我往长凳上一甩，我的脸被摔破了。只记得他疯狂地大喊大叫："把他捆起来，非打死他不可！我一定要打死他……"

外公一直把我打得失去了知觉。

师：我们请一位同学来朗读屏幕上这段文字。

师：你是第一个举手的同学，这个机会给你。你在那个位置能看清楚屏幕上的文字吗？

生6：可以。

师：好，那开始吧。

生6：（朗读屏幕上的文段）

师：他读得怎么样？

（全班鼓掌）

师：这位同学非常优秀，第一次朗读，既准确又流畅，而且还有感情。

师：这一段描写，哪里写得最好？

生（齐）：动作描写。

师：非常好！第三自然段中有"扑过去""推倒""抓住""拖""拼命地挣扎""揪""咬""暴跳如雷""甩""摔破""疯狂地大喊大叫"，这些动作描写非常精彩。下面我们再把第三自然段来齐读一下。

生：（齐读屏幕第三自然段）

师：不出同学们所料，阿廖沙遭到了一顿毒打。外公打完表哥，竟然平静地说"该轮到你了"。外婆听到之后有什么反应呢？外婆立即朝我奔来，一把搂住我喊道："不准你打他，不准你打他！你这个恶魔！"外婆喊的这三句话表达出对阿廖沙的什么感情？

生（齐）：爱。

师：那谁来把这三句话读一下？读出这种爱的感情。好，你读。

生7："不准你打他，不准你打他！你这个恶魔！"

师：你读得不错，但老师觉得你应该可以读得更好。你觉得外婆的这三句话里面，为了表现出对阿廖沙的爱，哪些词应该重读？

生7："不准"。

师：不错！还有吗？

生7："恶魔"。

师：有道理！"你这个恶魔"中的"你"是不是也应该读得重一点呢？

生7：是的。

师：那你再来试读一下，注意重读的词。

生7："不准你打他，不准你打他！你这个恶魔！"

师：前面读得很好，还是没有把"你"读出味道来。（教师范读）你再来试一下。

生7："不准你打他，不准你打他！你这个恶魔！"

师：已经进步很大了，只是音量好像没放出来。好，另外一个同学来挑战一下他，争取比他读得更棒！

生8："不准你打他，不准你打他！你这个恶魔！"

师：掌声！

（全班鼓掌）

师：这位同学读得使人身临其境，既有感情，又有动作。我们再来看外公的表现，外公也是大喊大叫，而且是疯狂地大喊大叫。外公大喊大叫的这几句话表现出外公什么样的心情？

生（齐）：生气、很凶。

师：嗯，很凶，很生气。显然和外婆对阿廖沙的感情形成鲜明的反差和对比。刚才大家把外婆的话已经读得非常好了，现在要形成鲜明的反差，一定要读出外公的凶恶、气愤。谁来试着读一下？好，你来读。

生9："把他捆起来，非打死他不可！我一定要打死他……"

师：怎么没掌声啊？

（全班鼓掌）

师：你和刚才那位同学一样都极具表演天赋。你这个"小外公"说起话来凶巴巴的，中气十足。下面请大家概括一下，这一段主要写了什么内容？

生10：挨打！

师：不能说你说得不对，你说得很对，但好像表达得欠火候。

（板书：惨遭毒打）

【屏显】

我也开始挣钱：我逢休息日，一大早就背着口袋走遍各家的院子，走遍大街小巷去捡牛骨头、破布、碎纸、钉子……平时放学以后也干这玩意儿，每星期六卖掉各种旧货，能得三十至五十戈比。……

外祖母接过我的钱，急忙塞到裙子口袋里，垂下眼睑，夸奖我："谢谢你，好孩子！咱们俩养活不了自己吗？咱们俩？有什么了不起的！"有一次我偷偷地看她，她把我的五戈比放在手掌上，瞅着它们，默默地哭了，一滴混浊的泪水挂在她那副像海泡石似的大鼻孔的鼻尖上。

在我看来，我的生活一点也不苦……

师：谁来给大家读一下屏幕上这一段话呢？好，你来。

生 11：（朗读屏显段落）

（全班鼓掌）

师：读得非常好，我们班同学整体的朗读水平非常高。在这一部分内容里，我们的主人公阿廖沙为生活所迫，已经开始挣钱了，主要是捡破烂卖钱。每星期六把废品卖掉可以得到三十至五十戈比。卖的钱全部交给外婆。外婆拿到钱当然很感动、很激动，是不是啊？从哪里可以看出外婆很激动呢？

生（齐）：她说的话。

师：对！

师："有一次我偷偷地看她，她把我的五戈比放在手掌上，瞅着它们，默默地哭了，一滴混浊的泪水挂在她那副像海泡石似的大鼻孔的鼻尖上。"由此可以看出外婆的心情是怎样的呢？

师：举手发言。

生 12：感动。

师：还有呢？

生 13：悲伤。

师：还有呢？

生 14：酸楚。

师：还有呢？

生 15：难过。

师：外婆为什么难过呢？

生 16：让外婆感动的原因是这个年龄段的孩子本应该是无忧无虑的，现在这么小的孩子都出来干活挣钱了。

师：我觉得大家应该给他掌声。

（全班鼓掌）

师：这么艰难的生活，本来不是阿廖沙这么小的孩子应该承担的，但是生活逼迫她的外孙已经承担起了本该成年人承担的责任。所以外婆感到很内疚、很酸楚、很悲伤、很痛苦。

师：前面我们探讨了外婆的心理活动，下面我们来读一读外婆说的话，通过语言描写来体会外婆内心复杂的情感。

师：谁来读一下外婆说的话？好，你来读。

生 17："谢谢你，好孩子！咱们俩养活不了自己吗？咱们俩？有什么了不起的！"

师：我们来分析一下，外婆说这句话的时候声音应该是高还是低？

生（齐）：低。

师：低到什么程度呢？好像是在自言自语，是吧？再看后面还有感叹号呢，可见也不是一味的低，该强调的地方还是要强调的。你再试着读一下。

生 17："谢谢你，好孩子！咱们俩养活不了自己吗？咱们俩？有什么了不起的！"

师：读得非常好！

（全班鼓掌）

师：老师再来示范一下。"谢谢你，好孩子！咱们俩养活不了自己吗？咱们俩？有什么了不起的！"

（全班鼓掌）

师：请同学们齐读一下这部分。

生：（齐读文段）

师：刚才我们探讨了外婆因为外孙这么小就捡废品卖钱贴补家用，心里是很难受的。但是阿廖沙却说："在我看来，我的生活一点也不苦。"这是为什么呢？

生 18：我认为生活虽然很辛苦，但是因为有外婆在身边，生活一定是幸福的。

师：有道理，一家之言。他认为有外婆的陪伴是很开心的。这是你对这句话的理解。

生 19：我认为他捡破烂很高兴，因为他花的是自己挣的钱。

师：你觉得他自食其力，所以不觉得苦。很有道理，请坐。

生 20：他不觉得苦是因为这样他可以免遭外公的毒打。另外，他把捡破烂当成自己的一种兴趣，他觉得很快乐。

师：哦！“可以免遭外公的毒打”“把捡破烂当成自己的一种兴趣”——非常不错。

生21：我觉得外婆很爱他，所以他不觉得苦。

师：你和刚才那位同学的发言不同之处就是你觉得他外婆很疼爱他，所以他很快乐。不错，你很有见解。在老师看来，大家的观点都是正确的。综合大家的发言，就是这个问题的答案。现在我们总结一下，这一部分的主要内容应该是什么呢？

生22：努力挣钱。

生23：自力更生。

（板书：拾荒度日）

【屏显】

我和外婆看见五个小市民像一群疯狗似的在欺负殴打一个乡下人。外祖母撂下水桶，挥着扁担，就向那几个小市民冲了过去，同时却对我大声喊：“阿廖沙，快跑开！”

这可真把我吓坏了！随即我还是立刻决定跟着外祖母跑了过去。我捡起圆石子和石块用尽最大的力气，朝小市民的身上扔过去。外祖母勇敢地用扁担往他们身上捅，敲他们的肩膀和脑袋……小市民仓皇逃跑了。看着那个浑身是伤的乡下人，我有说不出的难受……

师：谁来读一下这部分？

生24：（朗读屏显内容）

师：读得非常好，非常有感情。如果我没猜错的话，你的语文成绩一定很不错。

师：外婆看到那几个小市民像疯狗似的欺负那个乡下人的时候，立刻冲上去解救。同时又对阿廖沙大声喊：“阿廖沙，快跑开！”这是为什么啊？

生25：因为她怕阿廖沙受到伤害。

师：嗯，不错，那我们在读这句话的时候就要读出外婆的那种关心、疼爱、呵护。现在你读一下这句话。

生25：“阿廖沙，快跑开！”

师：“快跑开！”是不是应该再读得大声一点呢？外婆生怕他听不见。再读一遍。

生25：“阿廖沙，快跑开！”

师：最终他和外婆一起把这几个小市民赶跑了。说明他和外婆都具有什么样的品格啊？

生（齐）：正义感。

师：还有呢？

生（齐）：同情心。

师：阿廖沙看着这个浑身是伤的乡下人，他说："我有说不出的难受。"他为什么难受啊？

生26：我觉得，第一是看到乡下人被欺负，第二是联想到自己被外公毒打。

师：有一点感同身受的感觉。你回答了两个方面，我觉得挺全面的，有独到的见解。

师：如果我们给这一部分拟个小标题的话，拟什么合适呢？

生（齐）：见义勇为。

（板书：善良勇敢）

【屏显】

埋葬了母亲几天之后，外公对我说："喂，阿廖沙，你也不是一枚奖章，我脖子也不是挂你的地方，你到人间去吧……"

于是，我就到人间去了。

师：我们再找一位同学把这两段读一下。

生27：（朗读屏显内容）

师：外公说让阿廖沙到人间去，是什么意思？

生28：嫌弃他，不想跟他在一起，看不起他。

师：更直白一点说，外公是要赶走阿廖沙！并且说的这个赶走他的话还很特别，有点讽刺、挖苦的感觉。你再来试读一下外公说的这句话，争取读出讽刺、挖苦的感觉。

生28："喂，阿廖沙，你也不是一枚奖章，我脖子也不是挂你的地方，你到人间去吧……"

师：读得很好，请坐。还有谁来挑战一下这位同学？

师：好，你来！

生29："喂，阿廖沙，你也不是一枚奖章，我脖子也不是挂你的地方，你到人间去吧……"

（全班鼓掌）

师：有身临其境的感觉。还有没有人挑战？

师：哦！你想说什么？请讲。

生 30：对这句话我有自己的见解。我认为外公赶走阿廖沙，应该是生活所迫，是无奈的选择。

师：在你的理解中，外公并没有那么坏？但是，通过我们对前面部分的阅读，好像外公不像你说的那么善良啊？你这叫以君子之心度小人之腹啊！

（有人发笑）

师：你来试读一下外公说的话。

生 30：“喂，阿廖沙，你也不是一枚奖章，我脖子也不是挂你的地方，你到人间去吧……”

（全班鼓掌）

师：这一段写了什么内容呢？

生 31：离家出走。

生 32：背井离乡。

（板书：赶出家门）

三、探讨苦难，品味人生

【屏显】

讨论：你怎样理解或看待人生中的“苦难”？

师：好，你第一个举手，你说。

生 33：苦难可以让人脱胎换骨。

师：哦！很有见解！你所说的“脱胎换骨”是否可以理解为“浴火重生”？

生 33：对！凤凰涅槃！

师：你的知识好丰富呀，老师说后半句“浴火重生”，你就能补上前半句“凤凰涅槃”。你真是太优秀了！

师：还有谁发言？谈谈你对人生的“苦难”的看法。好，你说。

生 34：苦难是我们人生的必经之路，它能帮助我们成长。

师：“必经之路”，你的意思是说，人生都会经历苦难，是吧？有道理，谁也不会一生一帆风顺。请坐。还有谁说说？

（无人发言）

师：下面我们降低一点难度，把“苦难”换成“困难”或是“挫折”。你怎样理解或看待人生中的困难和挫折呢？

生 35：我们应该感谢人生中遇到的困难，这些困难让我们明白了人生的一些道理，或者使我们在某些方面得到了成长。我曾经在《增广贤文》中看过这么一句话，“赞吾者乃吾贼，责吾者乃吾师”，意思是赞扬我的人就是对我不好，勇敢责备我的人就是我的老师或者师傅。所以说，我们要感谢我们人生中遇到的那些挫折，它会使我们快快长大。

师：你的核心观点就是困难会助人成长。很好！

生 36：我觉得困难可以磨炼我们的意志。比如说我们第一次遇到困难的时候，我们就会很紧张，不知道该如何面对。如果我们遇到的次数多了，就会比较冷静，会静下心来去解决困难。

师：困难可以磨炼意志。不错！

生 37：困难会使我们变得更加坚强，会使我们拥有更多的智慧和勇气。

师：困难的作用这么大、这么多啊？好，请坐。

生 38：困难是一种药，如果你受了伤，它会救你。但是无药不苦，如果你不尝试去接受，你只会越伤越疼。良药苦口，你知道了药的苦，就会忘记伤口的疼。它能救你，也能让你难忘曾经犯下的错。

师：困难是一种药？有意思！

生 39：困难是人生中的必经之路，就像一个十字路口。向左，你可能会坚持下去最后成功。但向右，你就会选择放弃，停留在原地。

师：对！刚才那位同学也说过：“苦难是我们人生的必经之路。”

生 40：困难是给你的机遇，这是人人都不想拥有的东西，越是这样，越要视为珍宝，因为也许它会给你带来痛苦和无奈，甚至一时的绝望，可是它带给你的收获和成长远比这大得多，难道不应该庆幸吗？并且苦难会成为你一生中最闪耀的记忆。所有平淡的日子里，只有那一段日子是发光并难忘的，因为我们经历的不仅仅是它带给我们的磨砺，还是一次灵魂的洗礼。

师：你能认识到困难是“机遇”，这很有境界啊！

生 41：困难是突破瓶颈的方法，当你达到更高水平时，困难便会应运而生，你只有在突破困难时才会成长。

师：是一种瓶颈，克服这种困难，突破瓶颈，就会成长一步。很有道理。

生 42：困难是人生的导师，它引领我们向前走去，会让我们变得更加优秀。困难的意义在于获得更多的经验和知识。使自己的内涵不断丰富，要善于勇敢地面对苦难，努力战胜它。面对苦难，我们应该一点点地将困难化小，一点点地消灭，积累经验，学会总结，让自己再遇到困难时知道该怎样克服。

师：困难是人生的导师。观点新颖独特！很棒！

生 43：困难是一把锋利的宝剑。宝剑是通过无数次的磨炼才变得锋利，人亦是如此。

师：对！宝剑锋从磨砺出！

生 44：人生不可能是一帆风顺的，其中必有许多困难，但困难不仅是上天给我们的磨难，更是上天给我们最好的礼物。它们是让我们一次次蜕变的机会，让我们变得比以前的自己更好。任何困难都不是没有解决的方法，只要我们敢于勇敢面对，因为“人不是生来就要被打败的”。

师：困难是上天给我们最好的礼物。你比“困难是机遇”的观点更高一筹！更有境界！

生 45：有句话这样说：“原来一切苦难都是上天最好的安排。”每个人的生活中多少都会遇到一些苦难。若把人生当作修炼，那么苦难就是机遇。如果从此一蹶不振，那就失去了锻炼的机会。

师：非常好！你不仅认识到了“苦难就是机遇”，而且还告诉我们怎样把苦难变成机遇，这就是要“把人生当作修炼”！你简直像个哲学家！

生 46：困难，使其修心。遇到事情时，不冲动鲁莽，平静待事。与其说是个坎儿，还不如说是个朋友，是一个生活中不可缺少的朋友。

师：困难是生活中不可缺少的朋友。精辟！

生 47：困难并不可怕。如果我们克服了困难，那么困难就会成为我们成功的垫脚石。困难就像一座山，看着挺高，坚持爬上去也就没那么高了。困难就像一头牛，你不和它较真儿，它是不会服你的。困难又像纸老虎，你一推，它就倒。

师：辩证法学得不错啊！很有哲理！

生 48：困难其实就是上帝给你出的选择题，是选择放弃还是面对，答案只有一个，就是勇敢面对，将它打败。只有这样，才可以解脱，才可以向前走完自己的路。难道我们还要被困难所吓倒吗？

师：你的答案很有趣！面对困难，我们必须选择——

生（齐）：坚强！

师：太棒了！掌声！

（全班鼓掌，鼓励自己）

生 49：礁石可能会阻碍船只的前行，但大海可能会因为没有礁石而变得单调；石头很容易使人跌倒，但大地可能会因为没有石头而显得孤独；困难可能会使人难堪，但人生会因为没有困难而变得不够完美。

师：你简直就是个诗人！人生会因为有困难而变得完美！

生 50：我认为困难是幸福的征兆。我曾听过一首歌："阳光总在风雨后……"因为只有困难才能让我们变得更加智慧，更加坚强。只有经历苦难，才能成功。

师：困难是一种幸福！阳光总在风雨后！非常正确！

生 51：面对人生中的挫折，我们每个人都应该以一种良好的心态去面对。只有如此，我们每一次的付出才会有收获。因为，最后的成功总是由前面无数次的失败累积而成的。

师：对！米卢有句名言："态度决定一切！"面对挫折，心态很关键！

师：我不得不佩服同学们，你们都太有思想了！今天，你们的发言让老师真是大开眼界！太精彩了！太让老师感动了！有的像诗人，有的像哲学家，有的像道家，有的像演说家……老师甘拜下风！

【屏显】

苦难是人生的老师。

苦难是磨炼意志和力量的砺石。

当你懂得苦难，你的生命才开始变得有意义。

想想苦难中的人们，我们应该知足；想想自己也可能陷入苦难，我们应该努力。

生活中的许多苦难，我们要学会承受，学会担当，学会在泪水中直立自己的灵魂。生活从来都是波澜起伏的，命运从来都是峰回路转的。因为有了曲折和故事，我们的生命才会精彩。有时候，哭泣，不是屈服；后退，不是认输；放手，不是放弃；沉默，不是无语。摔倒了又怎样，至少我们还年轻。

师：请大家齐读屏幕上的话。

生：（齐读）

四、介绍作者，点题升华

【屏显】

高尔基（1868—1936），苏联作家，社会主义、现实主义文学奠基人，无产阶级革命文学导师。列宁称他为“无产阶级艺术最杰出的代表”。

《童年》是高尔基自传体小说三部曲中的第一部。

师：我们今天讲的这个故事就是出自高尔基写的《童年》。法国思想家、文学家、社会活动家罗曼·罗兰说过：“在俄国文学中，我从来没有读过比您的《童年》更美的作品。您还从来没有如此成功地显示过您的写作才能。”

师：同学们，你们想不想知道更多关于阿廖沙童年的故事？想不想领略高尔基的写作才能？

生（齐）：想！

师：那就请你们阅读高尔基的名著《童年》吧。

（制造悬念，兴趣导读）

【屏显/电影《童年》阿廖沙被逐出家门与小伙伴告别出去流浪片段】（播放约 30 秒结束）

师：这节课就上到这里，下课！

生（齐）：老师辛苦了，老师再见！

师：同学们再见！

教学艺术欣赏

凤凰涅槃，浴火重生

整理完孙春成老师的名著导读《童年》一课，我想用这节课一个学生的发言作为我欣赏这节课的文章标题，即“凤凰涅槃，浴火重生”。这个学生以之来理解人生的苦难，可谓深刻。这个传说，凤凰是人世间幸福的使者，每五百年，它就要背负着积累于人间的所有痛苦和恩怨情仇，投身于熊熊烈火中自焚，以生命和美丽的终结换取人世间的祥和与幸福。同样，在肉体经受了巨大的痛苦和轮回后，它们才能得以重生。垂死的凤凰投入火中，在火中浴火重生，其羽更丰，其音更清，成为美丽辉煌永生的火凤凰。这个传说，寓意不畏痛苦、义无反顾、不断追求、提升自我的执着精神。联系高尔基的一生，就很好地证明了火凤凰的传说。

一、探讨困难，主题教育

名著导读《童年》这一课第一大成功之处，就在于孙老师很好地对学生进行了主题教育，即“如何理解人生的苦难”。学生的回答多元而精彩，令人拍案叫绝，有的说“苦难可以让人脱胎换骨”；有的说“苦难是人生的必经之路”；有的说“困难会帮助人成长”；有的说“困难可以磨炼意志”；有的说“困难会使我们更加拥有智慧和勇气”；有的说“困难是一种药”；有的说“困难是机遇”；有的说“困难是突破瓶颈的方法”；有的说“困难就是人生的导师”；有的说“困难是一把锋利的宝剑”；有的说“困难是上天给我们最好的礼物”；有的说“若把人生当作修炼，那么苦难就是机遇”；有的说“困难是生活中不可缺少的朋友”；有的说“困难又像纸老虎”；有的说“困难其实就是上帝给你出的选择题”；有的说“人生会因为有困难而变得完美”；有的说“困难是幸福的征兆”；有的说“每个人都应该以一种良好的心态去面对困难”。在学生发言完毕，孙老师则不失时机地屏显出关于苦难的名言来总结概括：

苦难是人生的老师。

苦难是磨炼意志和力量的砺石。

当你懂得苦难，你的生命才开始变得有意义。

想想苦难中的人们，我们应该知足；想想自己也可能陷入苦难，我们应该努力。

生活中的许多苦难，我们要学会承受，学会担当，学会在泪水中直立自己的灵魂。生活从来都是波澜起伏的，命运从来都是峰回路转的。因为有了曲折和故事，我们的生命才会精彩。有时候，哭泣，不是屈服；后退，不是认输；放手，不是放弃；沉默，不是无语。摔倒了又怎样，至少我们还年轻。

主题教育可谓深入灵魂，凸显了语文教学的人文性特点！可以说，名著导读课导出了思想，导出了人文，导出了经典！

二、选材精当，突出主旨

这一课的选材十分精当，十分精彩。在一部长篇小说里，孙老师选取了“惨遭毒打”“拾荒度日”“善良勇敢”“赶出家门”四个文段，巧妙地采用电影蒙太奇的手法，把这四个文段组接成一个完整的故事，既突出了主旨，又省时高效，可谓艺高胆大，身手不凡。在这几个文段的教学过程中，孙老师以读代讲、以读代析、以读代悟，课堂教学技艺灵活而娴熟。“惨遭毒打”这一环节，侧重指导学生品读对外婆和外公两个人的语言描写，形成反差，突出外婆的爱和外公的凶。“拾荒度日”这一环节，侧重指导学生品读对外婆的语言描写和心理刻画，感受阿廖沙酸楚的童年。“善良勇敢”这一环节，侧重指导学生学习阿廖沙和外婆打“小市民”的动作描写，感受他们善良勇敢的品质。“赶出家门”这一环节，侧重指导学生品读对外公的语言描写，感受阿廖沙被逐出家门、被迫流浪的悲惨命运。四个文段，四个教学环节，体现了一个主旨，就是“苦难的童年”！

三、教学艺术，可圈可点

孙老师名著导读《童年》这节课所体现的教学艺术，可圈可点，浑然天成。

比如，孙老师很注重培养学生的概括能力，每一文段教学完毕，他都让学生给这一文段起小标题。

比如，孙老师随机应变的能力，他最初向学生提的问题是：你怎样理解或看待人生中的“苦难”？孙老师发现学生因为生活在红旗下长在蜜罐里，对人生的苦难没有经历，所以就难以感同身受，也讲不出什么道理，他立即降低了提问的难度，说：“下面我们降低一点难度。把‘苦难’换成‘困难’或是‘挫折’。你怎样理解或看待人生中的困难和挫折呢？”果然，这一字之改，境界全出，学生发言马上爆棚。

比如，孙老师对学生发言的点评和鼓励，可谓点石成金，句句经典，俯拾即是：“你的知识好丰富呀，老师说后半句‘浴火重生’，你就能补上前半句‘凤凰涅槃’。你真是太优秀了！”“困难的作用这么大、这么多啊？”“你能认识到困难是‘机遇’，这很有境界啊！”“困难是上天给我们最好的礼物。你比‘困难是机遇’的观点更高一筹！更有境界！”“非常好！你不仅认识到了‘苦难就是机遇’，而且还告诉我们怎样把苦难变成机遇，这就是要‘把人生当作修炼’！你简直像个哲学家！”“辩证法学得不错啊！很有哲理！”“你简直就是个诗人！人生会因为有困难而变得完美！”“我不得不佩服同学们，你们都太有思想了！今天，你们的发言让老师真是大开眼界！太精彩了！太让老师感动了！有的像诗人，有的像哲学家，有的像道家，有的像演说家……老师甘拜下风!”

比如，比较教学的使用，孙老师一开始先以罗大佑的歌曲《童年》导入，然后就和学生谈话聊天：“请大家分享一下你的童年是如何度过的。”最后孙老师总结这一教学环节:“对！过着快乐的童年！就像刚才歌曲里唱的‘游戏的童年’。”“我们今天的主人公就没有大家这么幸运了，他的童年非常‘悲惨’。”这一比较，其实都是孙老师的匠心独运，巧妙设计。

比如，作者简介，一改教学开始就机械地进行讲解的俗套，而是把阿廖沙的故事讲完后，再简介作者，起到了画龙点睛之效。

比如，重复的艺术，课一开始就播放电影《童年》阿廖沙被逐出家门与小伙伴告别出去流浪的片段，目的是从形象上让学生认识主人公阿廖沙。课的结尾又重复播放了电影《童年》阿廖沙被逐出家门与小伙伴告别出去流浪的片段，给人以回环往复、余音绕梁之感。

比如，悬念的艺术，孙老师结课：“同学们，你们想不想知道更多关于阿廖沙童年的故事？想不想领略高尔基的写作才能?”学生异口同声：“想!”此为制造悬念，兴趣导读。

第七章　议论文逐层剖析法课型

《中国人失掉自信力了吗》教学实录

时间：2016年10月26日（周四）下午14：10—14：50

地点：深圳市龙岗区平湖中学

学生：九年级3班

主题：教研员送课下校

执教：孙春成

整理：刘毅

一、背景介绍，初读感知

【屏显】

鲁迅简介

鲁迅（1881—1936），原名周树人，字豫才，“鲁迅”是他1918年发表《狂人日记》时所用的笔名。浙江绍兴人。文学家、思想家，新文化运动的重要参与者，中国新文学运动的奠基人。毛泽东曾评价：“鲁迅的方向，就是中华民族新文化的方向。”

鲁迅一生在文学创作、文学批评、思想研究、文学史研究、翻译、美术理论引进、古籍校勘与研究等多个领域，具有重大贡献。他对五四运动以后的中国社会思想文化发展具有重大影响。

【屏显】

时代背景

鸦片战争以后，中国逐步沦为半殖民地半封建国家。帝国主义的奴役和封建统治的压迫，使中国人民的民族自尊心与自信力受到了极大的摧残，在一部分人当中甚至丧失殆尽。鲁迅对此痛心疾首，与这种奴隶的“劣根性”进行了坚决的斗争。但这并不意味着鲁迅认为四万万同胞都已经消极、沉沦乃至堕落，他清醒地看到了问题的另一面，即中国现实和历史上的“脊梁”。《中国人失掉自信力了吗》就是中华民族脊梁的一曲颂歌。

【屏显】

写作背景

《中国人失掉自信力了吗》写于1934年9月25日，当时，日本帝国主义的铁蹄在践踏了东北三省之后，又向关内步步紧逼，亡国灭种的威胁迫在眉睫，悲观失望的情绪主宰了一部分人。1934年8月27日《大公报》社评《孔子诞辰纪念》哀叹：“民族的自尊心与自信力，既已荡焉无存，不待外侮之来，国家固早已濒于精神幻灭之域。”针对这种论调，鲁迅在他53岁时，写下了这篇著名的杂文。

师：请同学们细心默读一遍课文。

师：我再范读一遍课文，同学们看课文再细心默读。

二、难点解读，扫清障碍

师：课文里5次提到了“中国人”，每次提到的“中国人”的含义是什么？还有，“状元宰相”“地底下”指的是什么？我们首先要搞清楚。

【屏显】要论中国人，必须不被搽在表面的自欺欺人的脂粉所诓骗，却看看他的筋骨和脊梁。自信力的有无，状元宰相的文章是不足为据的，要自己去看地底下。

师：这里的“中国人”“状元宰相”“地底下”是什么意思呢？好，你来说。

生1：这里的“中国人”指极少数顽固分子以外的中国人民。“状元宰相”指当时国民党反动政客及其御用文人。“地底下”指当时还处于地下斗争状态的中国共产党及其领导下的革命力量。

师：你的回答就是标准答案啊！真棒！

生1：我课前预习了。

师：太好了！养成课前预习的习惯很重要，很好！大家都应向这位同学学习！

【屏显】

然而，在这笼罩之下，我们有并不失掉自信力的中国人在。

师：这里的“中国人”是什么意思呢？

生 2：指广大人民。

师：正确！

【屏显】

中国人现在是在发展着“自欺力”。

师：这里的“中国人”是什么意思呢？

生 3：这里的“中国人”指国民党反动政客及其御用文人。

师：对！

【屏显】

于是有人慨叹曰：中国人失掉自信力了。

师：这里的“中国人”是什么意思呢？

生 4：指所有的中国人。

师：非常正确！

【屏显】

假使这也算一种“信”，那也只能说中国人曾经有过“他信力”，自从对国联失望之后，便把这他信力都失掉了。

师：这里的“中国人”是什么意思呢？

生 5：也指国民党反动政客及其御用文人。

师：完全正确。

师：请为这几位同学的发言点赞！

（全班鼓掌）

三、逐层剖析，理清驳论

师：鲁迅是怎样批驳“中国人失掉自信力了”这个错误论调的呢？

【屏显】

从公开的文字上看起来：两年以前，我们总自夸着“地大物博”，是事实；不久就不再自夸了，只希望着国联，也是事实；现在是既不夸自己，也不信国联，改为一味求神拜佛，怀古伤今了——却也是事实。

于是有人慨叹曰：中国人失掉自信力了。

师：文章前两段写的什么呢？

生 6：指出错误论点，中国人失掉自信力了。

师：对！

（板书：论点，中国人失掉自信力了）

师：那这个错误论点是建立在什么基础上的呢？

生6：是建立在错误的论据基础上的。

师：说得特别好！那都有哪些错误的论据呢？

生6：两年以前，我们总自夸着“地大物博”；不久就不再自夸了，只希望着国联；现在是既不夸自己，也不信国联，改为一味求神拜佛，怀古伤今了。

（学生一边说，教师一边板书：1. 两年前：自夸“地大物博”。2. 不久：只希望国联。3. 现在：一味求神拜佛，怀古伤今。）

师：这两个自然段，鲁迅依据对方这三条错误的论据，得出了对方错误的论点：中国人失掉自信力了。

师：紧接着，鲁迅是怎样反驳这一错误论点的呢？

【屏显】

如果单据这一点现象而论，自信其实是早就失掉了的。先前信“地”，信“物”，后来信“国联”，都没有相信过“自己”。假使这也算一种“信”，那也只能说中国人曾经有过“他信力”，自从对国联失望之后，便把这他信力都失掉了。

失掉了他信力，就会疑，一个转身，也许能够只相信了自己，倒是一条新生路，但不幸的是逐渐玄虚起来了。信“地”和“物”，还是切实的东西，国联就渺茫，不过这还可以令人不久就省悟到依赖它的不可靠。一到求神拜佛，可就玄虚之至了，有益或是有害，一时就找不出分明的结果来，它可以令人更长久的麻醉着自己。

中国人现在是在发展着“自欺力”。

师：齐读一下这三段。

生：（齐读屏显文段）

师：这部分内容写的是什么呢？

生7：鲁迅直接反驳对方！说中国人失掉的是“他信力”，发展着“自欺力”。

师：回答精辟！

（板书：直接反驳，失掉的是“他信力”，发展着“自欺力”）

【屏显】

“自欺”也并非现在的新东西，现在只不过日见其明显，笼罩了一切罢了。然而，在这笼罩之下，我们有并不失掉自信力的中国人在。

我们从古以来，就有埋头苦干的人，有拼命硬干的人，有为民请命的人，有舍身求法的人，……虽是等于为帝王将相作家谱的所谓“正史”，也往往掩不住他们的光耀，这就是中国的脊梁。

这一类的人们，就是现在也何尝少呢？他们有确信，不自欺；他们在前仆后继的战斗，不过一面总在被摧残，被抹杀，消灭于黑暗中，不能为大家所知道罢了。说中国人失掉了自信力，用以指一部分人则可，倘若加于全体，那简直是诬蔑。

师：谁来读一下这一段落？

师：好，你来读。

生 8：（朗读屏显内容）

师：读得很流畅，很准确，很带劲，很不错！

师：这一部分写的是什么呢？

生 9：鲁迅提出了自己的论点，间接反驳对方。

师：很好！鲁迅自己的论点是什么？

生 9：有并不失掉自信力的中国人在。

（板书：间接反驳，有并不失掉自信力的中国人在）

师：正确！那鲁迅提出自己论点的论据是什么呢？

生 9：我们从古以来，就有埋头苦干的人，有拼命硬干的人，有为民请命的人，有舍身求法的人，这就是中国的脊梁。这一类人，就是现在也很多。他们有确信，不自欺；他们在前仆后继的战斗，不过一面总在被摧残，被抹杀，消灭于黑暗中，不能为大家所知道罢了。

师：很好！

（板书：论据，从古至今满怀自信的“中国的脊梁”）

【屏显】

要论中国人，必须不被搽在表面的自欺欺人的脂粉所诓骗，却看看他的筋骨和脊梁。自信力的有无，状元宰相的文章是不足为据的，要自己去看地底下。

师：文章最后一段写了什么内容呢？

生 10：是鲁迅自然而然得出的结论，自信力的有无，状元宰相的文章是不足为据的，要自己去看地底下。

师：精辟！

（板书：结论，自信力的有无，状元宰相的文章不足为据，要看地底下）

师：同学们表现得都非常好，都特别有理论思维！

师：看看黑板板书内容，我们就完全可以知道鲁迅的行文思路，就可以清楚鲁迅是怎么反驳对方的错误观点的！

四、全文赏析，解读主旨

师：作者冷峻的目光首先注视着现实。文章一开头就列举了三种事实：自夸“地大物博”；寄希望于“国联”；“一味求神拜佛，怀古伤今”。这些事实都见之于“公开的文字”，表示言之有据，事实确凿，然后很自然地引出本文批驳的论点：“中国人失掉自信力了。”但作者当即指出，这个提法本身就是不确切的，因为信“地”，信“物”，信“国联”，这明明是“他信力”，而不是“自信力”。这种以论敌的论据为论据来反驳论敌的论点的方法，使文章在从容不迫的气度中，蕴含着一种无可辩驳的力量。

文章在指出一部分人连“他信力”都已丧失之后，笔锋一转：“失掉了他信力，就会疑，一个转身，也许能够只相信了自己，倒是一条新生路。”作者在这里开出的“新生路”，意在反衬下文的“死路”：“玄虚之至”的求神拜佛，只能说明“中国人现在是在发展着‘自欺力’”。这一结论是前文的自然引申，但文章一波三折，跌宕起伏，在层层递进的推理之中，始终贯穿着逻辑的力量。

在批驳了论敌的论点之后，作者深沉的目光由近及远地转向了历史。他那纵贯古今的思绪首先从严峻的现实中生发开来，指出“自欺”并非新东西，而是古已有之，于今为烈，以致“笼罩了一切”。“笼罩”一词，在这里用得十分准确、形象，它生动地描绘了这种思潮禁锢着人们的头脑，并蔓延到了各个领域。然后，作者用“然而”转折，满腔热情地歌颂了“在这笼罩之下，我们有并不失掉自信力的中国人在”。他们当中，既包括历史上那些“埋头苦干的人”“拼命硬干的人”“为民请命的人”“舍身求法的人”，更包括那些“有确信，不自欺”，“前仆后继的战斗”而又“被摧残，被抹杀”的人。这样，作者的思绪就在追溯历史长河的源流之后，又回到了现实，明确指出：“说中国人失掉了自信力，用以指一部分人则可，倘若加于全体，那简直是诬蔑。”

文章的结尾提出了判断自信力有无的标准：“状元宰相的文章是不足为据的，

要自己去看地底下。”“状元宰相”，泛指封建统治阶级在思想文化战线的代言人。“地底下”，泛指古今一切有自信力的中国人，并与前文的“笼罩”形成鲜明的对照。这样的结尾，既总结了全文，又恰与文章开头“公开的文字”相呼应，使文章结构完整，浑然一体。

综观全文，文章以现实为纬、以历史为经组织材料。开头始于现实，然后引申到历史，再由历史回到现实。结尾则既是对历史的总结，又是对现实的概括。文章先破后立，破得有力，立得牢固，驳论与立论相结合，互相映衬。驳论以事实为依据，内涵逻辑推理，极其雄辩；立论则直抒胸臆，充满激情。排比句式的运用，更使文章增添了气势。议论与抒情水乳交融，增强了文章的说服力和感染力。

五、读写结合，升华主旨

师：今天的作业——小作文。

【屏显】

课文说，“我们从古以来，就有埋头苦干的人，有拼命硬干的人，有为民请命的人，有舍身求法的人”，他们“是中国的脊梁”。“这一类的人们”，在20世纪30年代，“有确信，不自欺”，“在前仆后继的战斗”。在今天，他们是什么样的人呢？试以“中国的脊梁”为题写片段作文，作一番介绍。

师：下课！

生（齐）：老师再见！

教学艺术欣赏

逐层剖析，直抵结论

孙春成老师的“议论文逐层剖析法课型”，是指对于中心论点较为难找的议论文，在教学中以把课文的分论点为单位，将其切割成若干板块，逐层剖析探究，最终达成共识。

《中国人失掉自信力了吗》写于九一八事变三周年之际，文章又是针对当时社会现实写的，因此，很有必要引导学生了解鲁迅其人和时代背景，为学生深入了解文本内容和准确解读文本内容打下坚实的基础。所以，孙老师一开始就进行了“背景介绍，初读感知”的教学环节。

同时，这篇文章里有些词语比较深刻，寓意丰富，很有必要在解读文本前扫清这些“拦路虎”，所以，孙老师的第二个教学环节设计为“难点解读，扫清障碍”。

在以上两个教学环节的基础上，孙老师直奔教学重点：鲁迅是怎样批驳“中国人失掉自信力了”这个错误论调的呢？孙老师把文本切割成了四大板块，与学生共同各个击破，逐层剖析，最后得出结论：“自信力的有无，状元宰相的文章是不足为据的，要自己去看地底下。”可谓清新自然，水到渠成。

紧接着，孙老师对全文进行了全面的赏析，深入解读了文本主旨，使教学达到了一个新的高度。

最后布置作业，读写结合，进一步升华了教学主旨，同时对学生进行了很好的爱国主义教育。

《中国人失掉自信力了吗》是一篇驳论文，比较艰涩，但是，孙老师教这篇课文却十分轻松，就是因为他运用了逐层剖析法，使整个教学有条不紊，层次清晰，板块鲜明，环环相扣，由分到总，直抵结论。

第八章　猜读续写作文教学课型

《不肯长大的小泰莱莎》教学实录

时间：2013年4月18日下午14：10—14：50

地点：深圳市龙岗区平湖中学

学生：七年级8班

主题：深圳市龙岗区初中语文教研员示范课活动

执教：孙春成

整理：刘毅

【屏显】

知识卡片：想象力是人在已有形象的基础上，在头脑中创造出新形象的能力。爱因斯坦说："想象力比知识更重要，因为知识是有限的，而想象力概括着世界上的一切，推动着进步，并且是知识进化的源泉。"

师：请同学们齐读一下屏幕上的文字。

生：（齐读）

师：想象力是人类创新的源泉。想象力的魅力在于它可以将你带入一个虚拟世界，实现现实生活中不可能实现的梦想。同学们，今天我们的"猜读续写"作文，就是检验我们每一个同学想象力水平的好机会。请看大屏幕。

【屏显】

不肯长大的小泰莱莎

（意大利）贾尼·罗大里

小泰莱莎是一位小巧聪明的姑娘，可爱得像个玩具娃娃。她和爸爸、妈妈、奶奶住在山上的一个乡村里，日子过得非常快活。

后来，弟弟安塞尔莫出世了，小泰莱莎就经常领他外出观看鲜艳美丽的花朵，去鸡场捡刚生下来的新鲜鸡蛋，并让弟弟去摸那些肥大温和的母牛。

一天，爆发了战争。小泰莱莎的父亲被抓去当了兵，从那以后再也没有回来。奶奶说："国王派他去打仗，现在战争结束了，国王打胜了，但你的爸爸战死了。"

"这太不合情理啦！"小泰莱莎气愤地说道，"也太不公平了，简直叫人有点莫名其妙！"

"我的孩子，"妈妈说，"等你长大后，你就知道了。"

"我什么也不想知道，"小泰莱莎眼含热泪说道，"我也不想再长了，就让我永远保持这个小小的身材吧。"

小泰莱莎果真再也不长了。然而，小安塞尔莫却每天都在长，很快就能独自奔跑游玩了，可他的姐姐仍然是那么小，那么忧愁。她的小伙伴都长成高大、健壮的美丽姑娘，开始为自己缝嫁衣，小泰莱莎却仍保持着原来那个样子。"小泰莱莎，"她们说，"如果你还是这么小，谁要你呀？""我谁也不嫁。"于是，"不肯长大的小泰莱莎"这个绰号，从此就叫开了。

后来，小泰莱莎的妈妈由于悲伤过度，加之劳累，得了重病，被送进了医院。这样，家里的重活就都压在了年老的奶奶身上，小泰莱莎每当看到弯着腰的奶奶，吃力地背着木柴朝家里走来时，心中别提是多么难受了。

"我的命真苦啊，"奶奶一边打水一边说，"这一桶水实在太重了。唉，小泰莱莎，如果你能快点长大就好啦，也好减轻我的一点负担呀。"

小泰莱莎听了，暗地想试提一桶水，可是怎么提也提不起来。她想试背一捆柴，结果摔了一跤，把膝盖也擦破皮了。

"看来没有别的办法可想，"小泰莱莎说，"让我长大一丁点儿吧，能帮助奶奶干活就行了。"

说来也奇怪，她真的就长大了那么一丁点儿。然后，她就去井边打水，手提着满满一桶水，毫不费力地走回家里。

奶奶高兴极了，把她亲了又亲："谢谢你，小泰莱莎，你真是一个好孩子。你再去叉点草料给母牛吃，好吗？今天，我的胳膊很痛，再说杈子也太重了。"

于是，小泰莱莎就跑进她家的牛棚里，双手抓住草杈，但却提不起来，杈子重得就像是铅块似的。

"没有办法，"小泰莱莎说，"看来，我还得再长大一丁点儿。"

话音刚落，她真的又长大了一丁点儿，又起草来毫不费力。这样，她就和她的女伴们几乎一样高了。可是人们因为叫惯了，仍然叫她“不肯长大的小泰莱莎”。因为，当一个人获得了一个绰号后，想要人们轻易忘记，那可不是一件容易的事情。

后来，奶奶去世了，妈妈还在医院里。于是，家中的一切事情全落到了小泰莱莎的身上。那时，弟弟才上一年级，每天早晨，小泰莱莎得按时叫醒弟弟，督促他把脸洗干净，给他准备好书包和早饭，然后再陪他去学校。回来后，又忙着准备中午饭和打扫房间，整理床铺，喂牛喂鸡，有时还得去园地里干活……

这样，一到晚上，小泰莱莎就又累又困，连眼睛都睁不开了，可她还得去洗碗碟，把弟弟的衣服补好熨平。

“看来，我还得再长大一点儿，”小泰莱莎决断地说，“因为妈妈还没回来，弟弟又小，照料不了自己，如果我再不好好照顾他，那谁来关心他呢？”

于是，小泰莱莎就又长大了一点儿，活儿对她来说，顿时好像变轻了。有时，她对着镜子，看着自己高大的身躯，不由得又埋怨起自己来：“你怎么这样不坚强，小泰莱莎？你以前不是决心不长大的吗？可瞧你现在长得多大，连镜子都快容不下你了。”

可是她马上就打消了这个念头，又埋头干活了。她想：我是长大了，可我不是为了自己才长大的，因此，我问心无愧。

妈妈病好后从医院里回来，见家中有条有理，安塞尔莫的衣服整洁干净，小泰莱莎长得又高又大，差一点都认不出来了。妈妈心中非常高兴。

妈妈的健康还没有完全恢复，小泰莱莎不肯让她做家务事。

“你出去晒晒太阳吧，”她对妈妈说，“或者去树林里散散步，好好保养保养，家务事我来做。”

现在家中有三个人了，活儿也多了，因此小泰莱莎一个人忙得有点吃力。

“没有办法，”她说，“我还得再长大一点儿，这样做不是为了我，而是为了不让妈妈再次病倒。”

于是，她又长大了一点儿，现在她可成了村子里最高最漂亮的姑娘之一了。如果她再长下去的话，人们可就要给她起个“长杆”的新绰号了。“喂，‘不肯长大的小泰莱莎’，你可不能再长了，否则，谁也不敢娶你了。”姑娘们笑着对她说。

事实上，小泰莱莎既不想小伙子们，也不为自己着想，她时时刻刻只想着一件事情，那就是怎样去帮助人了。现在她长得又高又壮，心中非常高兴，因为这样她就能帮助更多的人了。等到妈妈身体基本恢复，小泰莱莎的活儿就减轻了些。于是，她就去帮助她家隔壁的一位无亲无友的老大娘干活。

有一天，从山上下来一个全副武装的强盗，他一进村，就凶狠地命令村民赶快交一公斤的金子给他。

“一克也不能少！”他威胁说，“否则，我就把你们的村子整个烧掉！”

当时，没有一个人敢违抗。为了凑齐那一公斤的金子，妇女们慌忙地把金戒指、金耳环、金项链收在一起。

这时，小泰莱莎正在挨家挨户地说服男人们：“快，把大伙联合起来，你们人多，强盗只有一人。”

“他虽是一个人，但他有枪呀，”男人们害怕地回答，“最好还是满足他的要求为妙。”

小泰莱莎一听又气又急：“你们到底是男人还是山羊？”

男人们低下头，一声也不吭。

“既然这样，那好吧，”小泰莱莎说，“我来对付他！”

说完，她就跑回家，站在镜子面前大声地叫了起来。

“我还要再长大点儿，我要长成一个巨人。”

话音刚落，她果然飞快地长了起来，一直长到头顶天花板。但她仍不满足，又来到院子里任其成长。长到和屋顶一样高的时候，她才停下来，看了一眼，心中仍不是非常满意。

“我应该长得和烟囱一样高！”她决断地说。

长得和烟囱一样高时，她才觉得满意，立即动身去惩罚那个强盗。

惩罚行动非常简单。

（选自《外国儿童文学作品导读》，华东师范大学出版社2013年版。有删改）

师：请同学们快速浏览这一则童话。看完的举手示意。

师：哦，大部分都看完了。那你们发现什么问题了吗？

生（齐）：没写完！

师：很聪明！作者写道：“惩罚行动非常简单。”但究竟怎么惩罚的，没有写。不是没有写，是老师故意把童话的结尾去掉了！现在的任务就交给你们了，展开一场“猜读续写”的竞赛吧！抓紧在作文本上续写这则童话的结尾，看谁写得好，看谁想象力丰富，看谁写得既有趣又合乎逻辑。写完举手示意，我们将在全班交流。

生（齐）：（认真写作）

（约25分钟后，基本都写完了）

师：好！有几个同学写得非常快，老师要表扬。现在我们全班交流。

【实物屏显】

第一则

小泰莱莎想，我现在长得如巨人一般高了，只须再多做几个陷阱，教训教训那可恶的强盗。

其实，强盗到村庄的路上有一片森林。在白天时，森林的一角会投射出一道金色的光，光穿过树叶，把森林照得十分明亮。然而，到了晚上，森林里阴森恐怖，还冒着一股冷气。小泰莱莎也想到了这一点，她计算好了时间，唯恐错过一分一秒，她埋伏在森林中，等待着强盗的到来。渐渐地，黄昏即将来临，天空像是披上了一件红色的外套，小泰莱莎还是不愿放弃，终于，那强盗踏着笨重的脚步走来了。小泰莱莎鼓足了气，憋足了劲，要惩罚这个无恶不作的强盗。强盗仍然哼着曲儿往前走着，他离布置好的陷阱越来越近了。小泰莱莎也情不自禁地紧张起来，她看准了时机，把手中的绳子一拉，突然“砰”的一声，马蜂窝从树上落了下来，一只只马蜂都恶狠狠地盯着强盗。强盗见情况不妙，心想：三十六计，走为上策。强盗马上就如箭射出去似的跑了。待到那强盗不再被马蜂追赶了，这时他发现自己的武器也不见了，他吓得仓皇逃窜，竟傻傻地将自己的武器丢在了那树下。

强盗心中焦急万分，他正准备回去拿，就在这时，小泰莱莎出现了，她直挺挺地站在强盗面前，她觉得自己的力气多得用不完，想要无限制地惩罚强盗，但她善良的本性告诉她不应该这样做。现在的强盗在她眼中如那小小的蚂蚁一般，她决定先小小地教训一下强盗。她把强盗抓了起来，并警告他：以后如果再敢威胁村民们，会受到比这更严重的惩罚。强盗答应小泰莱莎不再骚扰村民们，安分地当一个劳动者。小泰莱莎相信了他，放他走了。

天已经黑了，小泰莱莎在森林中迷路了，她希望黎明快点到来。森林里面越发的冷，小泰莱莎瑟瑟发抖，她坚持着，直到嘴唇都冻紫了。太阳从东方升起，小泰莱莎拖着全身酸痛的身子向村庄挪去。她发现自己变得与同龄人一般高了，特殊的能力也消失了。虽然能力消失了，虽然变小了，但小泰莱莎还是十分开心，因为她魁梧的形象在人们的心中永不磨灭！

小泰莱莎的事迹已经传遍了整个村庄，她在霞光的照耀下，显得那么光彩照人。

（作者：陈淑玲）

师：陈淑玲同学，请你为大家朗读一下你的习作。

（陈淑玲朗读习作）

师：谁来点评一下陈淑玲同学的习作？好，你来。

生1：她写的很有趣，尤其是对强盗的惩罚写得很详细，也很逼真，如设陷阱，如马蜂蜇，如丢武器，都写得很好。

师：嗯，你觉得她写得有趣逼真，有道理，很不错！还有谁点评？好，你来点评！

生2：她写的语言很出彩，文学性很强。比如，“天空像是披上了一件红色的外套”“强盗在她眼中如那小小的蚂蚁一般”“她魁梧的形象在人们的心中永不磨灭”“她在霞光的照耀下，显得那么光彩照人”，这些句子都很优美！

师：哦，你认为她的习作语言很优美，我也赞成你的观点！好，你来点评！

生3：她用词很准确。如“唯恐”“无恶不作”“情不自禁”“仓皇逃窜”“瑟瑟发抖”“挪去”“永不磨灭”“光彩照人”等等。

师：这几位同学点评得都很好，但不要忘记，我们侧重检验每一个学生的想象力哦！好，你来点评。

生4：我觉得她很有想象力，尤其是她设计的陷阱“马蜂窝”很奇特，对强盗的惩罚可以说是很有智慧，很巧妙，而不是硬来蛮干。在这之后再警告强盗就容易奏效。

师：同学们的点评都很中肯，都很精彩，我完全赞成！我们再看另一个同学的习作吧！

【实物屏显】

第二则

她以最快的速度到达了目的地。那时的她，大概有二三米的高度了，她跑一步，就相当于常人的几十步，所以她很快就到了。当时几乎全村的人都在那儿，他们看到小泰莱莎时，都目瞪口呆，他们从没见过这么高的人！那个强盗看到她的时候吓得直哆嗦，但还是强装镇定地把他的枪拿了出来，对着小泰莱莎。但由于太害怕了，把子弹打完了都没打中。那时，强盗吓得一下就坐到了地上，还哭了起来。全村的人都在笑，而小泰莱莎的惩罚行动也正式开始了。她直接把强盗提了起来，然后开始“踢毽子”了！哈哈！她把强盗当成“毽子”，踢来踢去，踢到小泰莱莎累的时候才停下来。那时的强盗已经浑身伤痕，小泰莱莎停下时，强盗哭着哀求道：“求求你放过我吧！我不会再来捣乱了！”小泰莱莎相信了他，放他走了！

从此，小泰莱莎成了全村的神话！

（作者：张冰雁）

师：张冰雁，请你读一下你的习作。

（张冰雁读习作）

师：谁来点评一下张冰雁同学的习作？好，你来。

生5：我觉得她写得很搞笑。

师：是不是很幽默呀？

生5：是。

师：你从哪里看出来的？

生5：我从两个地方看出来的。一个是她写道：“强盗吓得一下就坐到了地上，还哭了起来。”这里写得很夸张，也很滑稽。强盗的胆子真的那么小吗？我们平常不是都说“贼的胆大”嘛，更何况是强盗呢！似乎滑稽得有点不大真实。另一处是她拿强盗当“毽子”踢，也很夸张，很幽默。

师：你的点评也很幽默，很有条理！很出彩！老师表扬你！还有谁点评？好，你说！

生6：她最大的写作特点就是夸张，这本身就很有想象力。比如，她说：“小泰莱莎成了全村的神话！”“神话”一词也很夸张。

师：对！夸张就是一种写作手法。既具有想象力，也具有幽默性。这两位同学的点评很有水平！比老师的水平都高！

师：我们再看陈欣同学的习作。

【实物屏显】

第三则

小泰莱莎来到强盗面前，强盗便吓得直发抖。强盗高举双手说：“我投降，请不要杀我！”

小泰莱莎想了想，决定不杀他。小泰莱莎对强盗说：“我不杀你，但你必须要被惩罚，这样你才能长记性！”

小泰莱莎让强盗帮助隔壁的老大娘干活，直到老大娘满意为止。强盗照做了。后来，强盗在帮助老大娘的日子里，感受到了从未有过的温暖，他不愿走了。

小泰莱莎帮助了全村的人，大家都对她心存感激，叫她女英雄。小泰莱莎说："你们别这样叫我，我是这个村的人，我只不过是做了我应该做的事，我应该保卫这个村子！但令我伤心的是，村子里的男人们太懦弱了！"男人们听后，羞愧地低下了头。

经过这件事后，小泰莱莎也不再讨厌长大。因为，她只有长大才能帮助更多的人。

（作者：陈欣）

师：陈欣，你读一下自己的习作吧。

（陈欣读习作）

师：谁来点评一下陈欣同学的习作？好，你来。

生7：我觉得陈欣习作最大的亮点在于："强盗在帮助老大娘的日子里，感受到了从未有过的温暖，他不愿走了。"这个挺有想象力的。美中不足的是"强盗为什么不愿走了？""他留在村里都干了什么？"这些没有交代。如果能继续发挥想象力写下去，肯定更好。

师：如果陈欣能继续发挥想象力写下去，肯定文章更丰满更具体了，是吧？你不仅能指出他的优点，还能提出修改意见，特别棒！

师：好，请后面举手的那个同学发言！

生8：我觉得这篇习作还有一大好处，就是有态度，有观点，有寓意。比如，习作对村子里的男人持批评的态度，观点是："但令我伤心的是，村子里的男人们太懦弱了！"比如，文章的结尾很有寓意："经过这件事后，小泰莱莎也不再讨厌长大。因为，她只有长大才能帮助更多的人。"

师：精辟至极！大家给他掌声！

生（齐）：（鼓掌）

师：下面我们展示梁宇晨的习作。

【实物屏显】

第四则

小泰莱莎三步并作两步，一会儿便来到了强盗面前。强盗一看，天啊！这还是人吗？腿立刻软了下去，想逃但是逃不走。在他绝望之际，他想："要是我也能长得和烟囱一样高就好了。"后来，奇迹发生了，他也长得和烟囱一样高了。

这可把小泰莱莎吓坏了，便大喊起来："我要长得和天一样高！"不一会儿，她真的长得和天一样高了，轻松地把强盗解决掉了。

可是，在那之后，小泰莱莎的身体就一直不受控制地长着，需要的食物也越来越多。她五天就把全村的粮食吃完了，这可怎么办呢？在大家绝望之时，又一件荒谬的事出现了——小泰莱莎的高度已经远远超过了天，把天给撑破了。正在大家以为末日将要来临时，女娲出现了。她找来了"金""木""水""火""土"五个自然能源碎片，把它们拼在一起，天被补好了。大家很开心，但是，小泰莱莎怎么办呢？这时，天神下凡，帮小泰莱莎恢复了原形，并向他们道歉："对不起，各位，由于天上网络被黑客入侵，出现了一个大缺陷。只要你们在绝境中还为他人着想，这样许下一个愿望，就可以实现。另外，现在这个缺陷已经修复，请你们不要在意。"

小泰莱莎和她的家人又幸福地生活在一起了。

（作者：梁宇晨）

师：宇晨，请你读一下你的习作。

（梁宇晨读习作）

师：哦，你这样踊跃，那就你来点评吧！

生9：我觉得梁宇晨的想象不仅大胆、奇特，而且很丰富。他想到强盗"也长得和烟囱一样高了"，小泰莱莎的"高度已经远远超过了天，把天给撑破了"，还是把强盗给镇住了。这些想象很大胆，很夸张，也很奇特。他还想到了"女娲补天""黑客入侵""缺陷修复"，这些想象很丰富。整篇文章富有神话色彩，非常牛！

师：的确很牛！（老师举起大拇指）

生10：牛是牛，但有一处他写得欠火候，不够到位！

师：哦！哪里？愿闻其详！

生10：这不光是梁宇晨的问题，前面几个同学都有这样的问题。

师：哦！打击一大片？情况很严重了！说说你的观点。

生10：梁宇晨这样写道："轻松地把强盗解决掉了。"但究竟是怎么轻松地把强盗解决掉的？这个过程是不是应该发挥一下想象力，写得具体一点，让人心服口服呢？难道真的像原作说的，"惩罚行动非常简单"吗？既然如此，那我们的续写还有什么意义呢？

师：问得好！大家应该为他点赞！就是要善于提出不同的见解。真理越辩越明嘛!

生（齐）:（鼓掌）

师: 到目前为止，我们班同学的表现都特别优秀，特别精彩！老师甘拜下风啊!

师: 好了，我们看看张佳莉的习作。

【实物屏显】

第五则

小泰莱莎轻松地拿起那对她来说轻得不能再轻的铁棍，悄无声息地来到强盗的后边，她见强盗正得意地闭目养神呢。小泰莱莎一把夺过强盗的枪，仔细观察后，发现了一个大笑话：一个凶恶的强盗竟然用的是一把三岁孩子玩的仿真枪！小泰莱莎拿着那把玩具枪，走到村里男人们面前，告诉了他们这个笑话。男人们大笑起来，便拿着棍子一起去对付那个可恶的强盗。强盗看见以小泰莱莎为首的村民们，还神气十足地嚷道:“你们赶紧把金子给我！我可是有枪的!”

话音刚落，小泰莱莎就拿出那把玩具枪，一脚踩碎了它。强盗吓得话都说不出来，连滚带爬地抱着小泰莱莎的腿，连连求饶。

小泰莱莎和村民们把强盗绑在树上，过了几天，便饿死了那个坏蛋。

村民们都称赞小泰莱莎为“勇士”！全村人又恢复了以前平静的生活。

（作者：张佳莉）

师: 张佳莉，请朗读一下你的习作。

（张佳莉朗读习作）

师: 有意思。张佳莉，你怎么能想到强盗用的竟然是“孩子玩的仿真枪”，而不是一把真枪呢?

张佳莉：因为现实生活中许多抢劫犯不都玩的这种把戏嘛!

师: 哦——张佳莉告诉了我们一个规律：想象力也要以现实生活为基础。这正符合想象力的概念:“想象力是人在已有形象的基础上，在头脑中创造出新形象的能力。”

师: 不过，你对强盗的惩罚也是以牙还牙啊，竟然“把强盗绑在树上”“饿死了那个坏蛋”！够狠！有血性！下面我们来看看吴沁的习作。

【实物屏显】

第六则

小泰莱莎干净利落地解决了强盗。一夜之间，小泰莱莎成了村子里的大红人。

村子里的人对她百般尊敬，小泰莱莎十分开心。妈妈听闻这个喜讯，开心地迎接烟囱一样高的小泰莱莎，回想曾经那个不肯长大的小泰莱莎，心中出现了一丝丝为难。一转眼长得如此高大，家里也没有合适的床呀，这可怎么办？村民们自发捐款，为尊敬的救命恩人小泰莱莎盖了一栋大房子，可以住下小泰莱莎。

后来，一位高富帅哥哥把小泰莱莎娶回了家，他们一起过上了幸福的生活。

（作者：吴沁）

师：吴沁，读一下你的习作。

（吴沁读习作）

师：谁来点评一下吴沁的习作？好，你来！

生11：我觉得他的想象还是值得肯定的。比如他写道："村民们自发捐款，为尊敬的救命恩人小泰莱莎盖了一栋大房子。""高富帅哥哥把小泰莱莎娶回了家，他们一起过上了幸福的生活。"这捐款盖房、结婚生活，比较奇特，也很合乎生活实际。

师：真是一语中的呀！

师：下面我们来看刘韵妍的习作。

【实物屏显】

第七则

小泰莱莎来到强盗的老巢，看到那个强盗正在忙着数钱呢！

"啊呀呀，这有一个金耳环；啊呀呀，这金戒指上有一颗小小的宝石！我的上帝！这个金项链挺重的嘛！啊呀呀！咦？我怎么感觉上面……哇！鬼呀！"强盗看见了小泰莱莎，吓得魂飞魄散，昏了过去。

"一个大男人怎么胆子比山羊还小呢？"小泰莱莎左手举起强盗，右手拿着强盗的赃物，回到村子。

村民们对小泰莱莎的勇气感到自豪。他们想，强盗应该如何处置呢？小泰莱莎说："让他在上帝面前忏悔吧！"说完，就把他挂在了教堂的上方。

"强盗的事解决了，那你怎么办呢？你那么大！"村民们对小泰莱莎说。"对啊，如果我能变回原来那样就好了。"

神奇的一幕发生了。

她话音刚落，身体便逐渐缩小，变回了原样。

太好了！自此以后，小泰莱莎生活得很幸福。

（作者：刘韵妍）

师：刘韵妍读一下你的习作。

（刘韵妍读习作）

师：好！又一个同学抢着发言，那机会就给你啦！

生12：刘韵妍的作文最精彩的是语言描写。她想象强盗“忙着数钱”，并自言自语的那些话活灵活现，很真实，很有趣。

师：评得很好！还有谁说说？好，你说。

生13：我觉得她写的惩罚强盗的做法很有想象力。既然是“让他在上帝面前忏悔吧！”那把强盗“挂在了教堂的上方”就很合乎逻辑。

师：你真棒！

师：这是张佳琳的习作。

【实物屏显】

第八则

惩罚行动非常简单，小泰莱莎不停歇地在村子里展开大规模的搜寻，终于在村子里最豪华的餐厅里找到了那个强盗。只见那个强盗正在享受美味的大鱼大肉，吃得满嘴流油。由于小泰莱莎的个头实在是太高了，走不进去，便只好用尽力气将餐厅屋顶掀了起来，屋顶的瓦砾落了下来。强盗吓了一跳，连忙跑了出来。

小泰莱莎追上去，抡起拳头一击，强盗被打得鼻青脸肿，吓得尿了一地，昏死过去。

小泰莱莎打强盗的事情很快便在村子里传开了，村民们都夸小泰莱莎很勇敢。小泰莱莎想回家，但是个头太大了，进不去家门，她伤心地哭了起来。但奇迹发生了。小泰莱莎的一滴眼泪，便能让身体缩小一厘米。小泰莱莎哭了一天一夜，身体终于恢复了原状。原来这是上帝送给小泰莱莎的成人礼呀！

从此，小泰莱莎的脸上整天洋溢着天使般的笑容！

（作者：张佳琳）

师：佳琳，你给大家读读。

（张佳琳读习作）

师：谁来点评？好的，就你。

生14：我觉得她的想象力也挺丰富的。比如，她写强盗得手后在“最豪华的餐厅”“享受美味的大鱼大肉，吃得满嘴流油”，就很有味道。还有，“上帝送给小泰莱莎的成人礼”，也很有想象力。

师：你的点评已经很全面，很到位了！非常好！

师：我们再来看看黄美珊的习作。

【实物屏显】

第九则

强盗自以为手中有枪，善良的村民们就会对他唯命是从。想到那近在咫尺的一公斤黄金，强盗兴奋地躺在草坪上，顿时觉得天空是那样蓝，阳光是那样温暖……

小泰莱莎对村里的男人们十分失望，但想到可怜的村民们，她便鼓起勇气，在心中记下对付强盗的办法。她的脚步由快到慢，由重到轻，缓缓地向强盗靠近。即便她弓着背，放缓了脚步，她那高大的身躯还是被强盗发现了。强盗连忙起身，伸手抓起枪。小泰莱莎急忙跨出一大步，如拔起一根小草般抢过枪，一把将枪摔烂。她捏住强盗的手臂向上提，强盗惊呆了！他胡乱地挣扎着，试图摆脱小泰莱莎的手掌，却怎么甩也甩不掉。

“你不能抢村民们的财物！”

强盗似乎不屑她的警告。小泰莱莎十分生气，她捏住强盗的头，来回摇晃。强盗顿时觉得天旋地转，胃在翻腾，一阵一阵的恶心袭来。

“饶了我吧！饶了我吧！”强盗求道。

小泰莱莎严正警告强盗：“你若是说话不算数，可别怪我手下不留情！”

小泰莱莎放了强盗。强盗拔腿就跑，从此，再也没有回来。

小泰莱莎为村民们解决了心头大患，村民们也十分感谢小泰莱莎。刹那间，小泰莱莎明白了成长的真谛，她不再想去逃避，她更愿意怀着一颗善良的心，承担起应负的责任。

（作者：黄美珊）

师：黄美珊，读一下你的习作。

（黄美珊读习作）

师：谁来评？好，你评。

生 15：黄美珊的续写最大的优点就是告诉了我们一个道理：做人要有责任感！所以，我最喜欢她的结尾：“刹那间，小泰莱莎明白了成长的真谛，她不再想去逃避，她更愿意怀着一颗善良的心，承担起应负的责任。”

师：一针见血！为你点赞！

师：同学们的习作个个出彩，同学们的点评个个精彩。总之，今天的课真是精彩纷呈，美不胜收！那你们想不想看看原作的结尾呢？

生（齐）：想！——

【实物屏显】

原文结尾

小泰莱莎一来到广场上，就朝那个强盗走去。强盗一见有个巨人朝他走来，吓得慌忙丢掉猎枪，拔腿就逃。小泰莱莎一见，只朝前跨了几步，就一把抓住了他的脖子，然后把他放在钟楼顶上，用命令的口气说："你就老老实实待在这里吧，直到警察来把你抓走为止。"

这个强盗一听，吓得从钟楼上掉了下来，摔死了。

小泰莱莎向家里走去。"这一次我长得太高了，家里住不下我了。可有什么办法呢？总不能眼看着强盗胡作非为啊！"

谁知，就在这个时候，发生了一件奇妙的事情。小泰莱莎每走一步，她高大的身材就变小一点。到后来，她变得和同伴们差不多高了。大家都说，小泰莱莎是村里最漂亮的姑娘。

师：大家齐读一下。

生：（齐读）

师：是原作写得好，还是这九位同学写得好？

师：我不得不佩服我们同学们的想象力！有几个同学写的"情节"和原作非常接近，比如都想到了强盗见了小泰莱莎这个巨人被吓到了——

生（齐）：陈淑玲，张冰雁，陈欣，刘韵妍，张佳琳。

师：那在这五个人的习作里，谁的更接近原作呢？

生（齐）：刘韵妍！

师：可见，同学们是多么优秀！我觉得，这几位同学的习作几乎都超越了原作，比原作更富有想象力、更好！

师：由于时间的关系，其他同学的习作就不能在全班一一展评了，课后同桌交换互评一下，这也是今天的课后作业，好吗？

生（齐）：好！

师：下课！

生（齐）：老师再见！

教学艺术欣赏

想象力比知识更重要

爱因斯坦说："想象力比知识更重要，因为知识是有限的，而想象力概括着世界上的一切，推动着进步，并且是知识进化的源泉。"孙春成老师的"猜读续写作文教学课型"，有利于培养和发展学生的想象力。就这一课而言，我觉得有以下几点值得我们学习。

一、板块鲜明，课型完整

"猜读续写作文教学课型"的结构程序为："展示残缺作品→探究残缺之谜→续写残缺内容→点评读写习作。"孙老师上课开始，巧妙地以有关"想象力"的知识卡片导入正题。他给学生"展示残缺作品"——童话《不肯长大的小泰莱莎》，把这则童话的结尾掐掉，让学生探索续写。再给学生充裕的思考和写作时间，让学生写完续文，然后全班交流，完全符合"猜读续写作文教学课型"的结构和程序，可谓板块鲜明，课型完整。

二、学生主体，教师主导

整堂课，无论是习作续写与朗读，还是点评，都是学生自行完成学习任务，老师只是对学生的点评给以恰当的评价和鼓励。学生学得出彩，评得更精彩；老师的表扬和鼓励，大大提高了学生写作和学习的自信心。所以，学生不仅提高了写作能力，发展了想象力，更有意义的是提高了自信，这将是学生受用一辈子的事情。

三、教法灵活，教学民主

孙老师不仅善于鼓励学生，而且教学特别民主，在这种民主的氛围里，学生学得开心快乐。教学方法十分灵活多样，有学生点评，有教师点评，还有学生自评。学生的点评，角度各异，精彩纷呈。大致有以下四种。

有点评想象力的。如对《第一则》的点评："我觉得她很有想象力，尤其是她设计的陷阱'马蜂窝'很奇特，对强盗的惩罚可以说是很有智慧，很巧妙，而不是硬来蛮干。在这之后再警告强盗就容易奏效。"如对《第三则》

的点评："我觉得陈欣习作最大的亮点在于：'强盗在帮助老大娘的日子里，感受到了从未有过的温暖，他不愿走了。'这个挺有想象力的。"如对《第四则》的点评："我觉得梁宇晨的想象不仅大胆、奇特，而且很丰富。他想到强盗'也长得和烟囱一样高了'，小泰莱莎的'高度已经远远超过了天，把天给撑破了'，还是把强盗给镇住了。这些想象很大胆，很夸张，也很奇特。他还想到了'女娲补天''黑客入侵''缺陷修复'，这些想象很丰富。整篇文章富有神话色彩，非常牛！"如对《第六则》的点评："我觉得他的想象还是值得肯定的。比如他写道：'村民们自发捐款，为尊敬的救命恩人小泰莱莎盖了一栋大房子。''高富帅哥哥把小泰莱莎娶回了家，他们一起过上了幸福的生活。'这捐款盖房、结婚生活，既比较奇特，也很合乎生活实际。"如对《第七则》的点评："我觉得她写的惩罚强盗的做法很有想象力。既然是'让他在上帝面前忏悔吧！'那把强盗'挂在了教堂的上方'就很合乎逻辑。"如对《第八则》的点评："我觉得她的想象力也挺丰富的。比如，她写强盗得手后在'最豪华的餐厅''享受美味的大鱼大肉，吃得满嘴流油'，就很有味道。还有，'上帝送给小泰莱莎的成人礼'，也很有想象力。"

有点评写作特色的。如对《第一则》的点评："她写的语言很出彩，文学性很强。比如，'天空像是披上了一件红色的外套''强盗在她眼中如那小小的蚂蚁一般''她魁梧的形象在人们的心中永不磨灭''她在霞光的照耀下，显得那么光彩照人'，这些句子都很优美！"如对《第七则》的点评："刘韵妍的作文最精彩的是语言描写。她想象强盗'忙着数钱'，并自言自语的那些话活灵活现，很真实，很有趣。"

有点评习作主旨的。如对《第三则》的点评："我觉得这篇习作还有一大好处，就是有态度，有观点，有寓意。比如，习作对村子里的男人持批评的态度，观点是：'但令我伤心的是，村子里的男人们太懦弱了！'比如，文章的结尾很有寓意：'经过这件事后，小泰莱莎也不再讨厌长大。因为，她只有长大才能帮助更多的人。'"如对《第九则》的点评："黄美珊的续写最大的优点就是告诉了我们一个道理：做人要有责任感！所以，我最喜欢她的结尾：'刹那间，小泰莱莎明白了成长的真谛，她不再想去逃避，她更愿意怀着一颗善良的心，承担起应负的责任。'"

学生不是一味说好话，也有点评问题的。如对《第三则》的点评："美中不足的是‘强盗为什么不愿走了?’‘他留在村里都干了什么?’这些没有交代。如果能继续发挥想象力写下去，肯定更好。”如对《第四则》的点评：“梁宇晨这样写道：‘轻松地把强盗解决掉了。’但究竟是怎么轻松地把强盗解决掉的?这个过程是不是应该发挥一下想象力，写得具体一点，让人心服口服呢?难道真的像原作说的‘惩罚行动非常简单’吗?既然如此，那我们的续写还有什么意义呢?”

四、围绕主旨，机智点评

孙老师的点评可谓“曲不离旨”，机智灵活。如点评《第一则》，学生有说有趣的，有说语言出彩的，有说用词准确的，孙老师则一句话把学生的点评回归主旨，这可谓是一种教学机智：“这几位同学点评得都很好，但不要忘记，我们侧重检验每一个学生的想象力哦!”

再如，孙老师在最后给学生展示原作结尾，其本意是证明学生的习作并不比原作差，甚至超过了原作，比原作更富想象力!这既给了学生自信力，也是一种教学的机智。事实上全班九个人中有五个人写的结尾十分接近原作的情节，而在这五个同学里面，刘韵妍的习作几乎和原作如出一辙，这不能不说是一个大大的奇迹，也给了学生大大的惊喜和满满的自信!

第九章　说明文三学课型

《故宫博物院》教学实录

时间：2014 年 10 月 16 日下午 14：10—14：50

地点：深圳市龙岗区龙城初级中学

学生：八年级 12 班

主题：教研员示范课

执教：孙春成

整理：刘毅

一、视频导入，激发兴趣

师：请同学们看一段视频。

【播放视频】CCTV 故宫博物院视频。

师：这是哪里？

生（齐）：故宫。

师：正确！

师：同学们，在世界建筑艺术领域，有许多著名的宫殿，如美国的白宫、英国的白金汉宫、俄罗斯的克里姆林宫、法国的凡尔赛宫等，但是，唯独我国的故宫最负盛名。故宫是世界上现存规模最大、最完整的古代宫殿建筑群，1987 年被联合国教科文组织世界遗产委员会列入“世界遗产名录”。故宫，是我国古代宫殿建筑艺术的瑰宝。今天，我们来学习《故宫博物院》一课。

二、图文并茂，研读“太和殿”

师：请同学们认真、仔细地默读一遍课文，使用工具书疏通字词。

生（齐）：（默读，疏通字词）

（约5分钟后学生读完）

师：紫禁城的中心有三大殿，是哪三大殿呢？

生（齐）：太和殿、中和殿、保和殿。

师：作者重点写的是哪一个殿呢？

生（齐）：太和殿。

师：对！所以，我们也重点学习一下作者对太和殿的说明。

【屏显图配文】

太和殿俗称金銮殿，高35米，面积2 377平方米，是故宫最大的殿堂。在湛蓝的天空下，那金黄色的琉璃瓦重檐屋顶，显得格外辉煌。殿檐斗拱、额枋、梁柱，装饰着青蓝点金和贴金彩画。正面是12根红色大圆柱，金琐窗，朱漆门，同台基相互衬映，色彩鲜明，雄伟壮丽。

师：大家齐读一下这段文字。

生：（齐读）

师：重檐是什么样子？请看屏幕。

【屏显图配文】

重檐，即双重屋檐。其作用是加大屋顶和屋身的体重，增添屋顶的高度和层次，增强屋顶的雄伟感和庄严感。

师：重檐就是这个样子。（指示屏显图画）

师：了解了什么是重檐以及重檐的作用，我们再来看看什么是“斗拱”。

【屏显图配文】

斗拱，也作斗栱、枓栱。是我国木结构建筑中的支撑构件，可使屋檐较大程度外伸，形式优美，为我国传统建筑造型的一个主要特征，也是中国古典建筑最富有装饰性的特征。斗拱在唐代发展成熟后便规定民间不得使用。

师：斗拱有几大特征？

生（齐）：两大特征。

师：你们说的是不是“为我国传统建筑造型的一个主要特征，也是中国古典建筑最富有装饰性的特征”呀？

生（齐）：是。

师：还有没有不同意见？

生（齐）：没有。

师：“民间不得使用”，是不是斗拱的另一大特征？好，你说。

生1：我觉得“民间不得使用”是人为的做法，并不是斗拱本身固有的特征。

师：有道理！我觉得可以统称为斗拱的三大特点，行不行？

生（齐）：行。

师：我们再来看看颐和园斗拱上的青蓝点金是什么样子。

【屏显图配文】

颐和园斗拱上的青蓝点金。

师：我们再看看什么是额枋。

【屏显图配文】

额枋，额，匾额。枋，两柱之间起联系作用的横木。额枋是古代建筑中柱子上端联络与承重的水平构件。

师：额是额，枋是枋。

【屏显图配文】

清代的额枋贴金彩画。

师：这是清代的额枋贴金彩画。

师：这是琐窗。

【屏显图配文】

琐窗，雕刻或绘有连环形花纹之窗。金琐窗，又称金扉，用鎏金工艺上色的琐窗。

师：太和殿的外观特点是什么？

生（齐）：色彩鲜明，雄伟壮丽。

师：正确。那谁来给大家朗读一下这段？要读出那种“色彩鲜明，雄伟壮丽”的感觉。好，你来。

生2：（有感情地朗读）

师：读得不错！很流畅，也很有感情。

师：刚才我们学习的关于太和殿的说明，诸如“重檐”“斗拱”“额枋”“琐窗”等，这些写的都是太和殿的哪个方面呀？

生3：装饰。

师：没错。但，是哪里的装饰呢？好，你说。

生4：外观。

师：非常正确！这些都是写太和殿的外观装饰，从而使太和殿显得色彩鲜明，气势雄伟。

【屏显图配文】

太殿正中是一个约两米高的朱漆方台，上面安放着金漆雕龙宝座，背后是雕龙屏。方台两旁有六根高大的蟠龙金柱，每根大柱上盘绕着矫健的金龙。仰望殿顶，中央藻井有一条巨大的雕金蟠龙。从龙口里垂下一颗银白色大圆珠，周围环绕着六颗小珠，龙头、宝珠正对着下面的宝座。梁枋间彩画绚丽，有双龙戏珠、单龙翔舞，有行龙、升龙、降龙，多态多姿，龙身周围还衬托着流云火焰。

师：谁来给大家朗读一下这一段？好，你来。

生5：（朗读）

师：读得很有激情，很有气势呀！很棒！

师：那这一段写的是太和殿的哪个方面呀？你说！

生6：内部装饰。

师：对！太和殿的内部装饰有什么特点呢？最好用一个字来概括！好，你说。

生7：龙！

师：你太聪明了！太和殿的内部装饰以“龙”为主，给人的整体感觉是怎样的呢？好，你说。

生8：庄严富丽。

师：准确！十分庄严而富丽堂皇！

师：顺便问一下大家，太和殿的内部装饰为何以“龙”为主呢？

（学生思考）

师：好，请你回答！

生9：我认为“龙”有一种威严，象征着皇权。

师：你真是太有学问了！为你点赞！

【屏显图配文】

太和殿是举行重大典礼的地方。皇帝即位、生日、婚礼和元旦等都在这里受朝贺。每逢大典，殿外的白石台基上下跪满文武百官，中间御道两边排列着仪仗，皇帝端坐在宝座上。大殿廊下，鸣钟击磬，乐声悠扬。台基上的香炉和铜龟、铜鹤里点起檀香或松柏枝，烟雾缭绕。

师：请一个同学朗读一下这一段落。好，就你来读吧。

生 10：（有感情地朗读）

师： 读得不错！请坐。

师： 这一段着重写的什么呢？你说！

生 11： 就是第一句话：太和殿是举行重大典礼的地方。

师： 对！这不就是这一段的“段眼”吗?!

师： 举行重大典礼的地方，给人的印象是怎样的呢？

生（部分）： 神圣！

师： 是！你看里边摆设的这些东西，“钟”“磬”“香炉”“铜龟”“铜鹤”，都好神圣。我们来认识一下这几样东西。

【屏显图配文】

钟是众乐之首，古代朝聘、祭祀等礼仪活动的必备乐器，更是权势、地位的标志。

师： 齐读一遍。

生（齐）：（朗读）

【屏显图配文】

磬，历代帝王、统治者殿堂宴享、宗庙祭祀、朝聘礼仪活动中的演奏乐器，是象征身份地位的“礼器”。

师： 男生齐读一遍。

男生：（齐读）

【屏显图配文】

铜铸的龟、鹤，中空，可烧檀香、松柏枝等。

师：（复述上文）

师： 太和殿的说明顺序是怎样的？

生（齐）： 由外到内。

师： 正确。

【屏显图配文】

乾清宫、交泰殿、坤宁宫称“后三宫”。布局和前三殿基本一样，但庄严肃穆的气氛减少了，彩画图案也有明显的变化。前三殿的图案以龙为主，后三宫凤凰图案逐渐增加，出现了双凤朝阳、龙凤呈祥的彩画，还有飞凤、舞凤、凤凰牡丹等图案。

师： 齐读这段文字。

生：（齐读）

师：作者为何要对中和殿、保和殿、“后三宫”作简要说明，而重点说明太和殿呢？你说！

生12：因为太和殿是举行重大典礼的地方。

师：很有道理！还有呢？你说。

生13：因为太和殿的建筑最具代表性。

师：也很有道理！还有呢？你说。

生14：因为太和殿的地位十分重要！

师：太棒了！我看把这三位同学的观点整合到一块儿，就是问题的标准答案了！因为太和殿的建筑在故宫整个建筑群中最有代表性，又是封建皇帝行使统治权力、举行重大典礼的地方，它的地位十分重要，所以作者就要重点说明太和殿。

【屏显图配文】

从御花园出顺贞门，就到紫禁城的北门——神武门，对面就是景山。景山是明代修建紫禁城的时候，用护城河中挖出的泥土堆起来的，现在成了风景优美的景山公园。站在景山的高处望故宫，重重殿宇，层层楼阁，道道宫墙，错综相连，而井然有序。这样宏伟的建筑群，这样和谐统一的布局，不能不令人惊叹。

师：女生齐读这段。

女生：（齐读）

师：作者写这一段要说明什么呢？你说吧！

生15：从景山俯瞰故宫，侧面佐证故宫布局统一，规模宏大。

师：完全正确。你的概括能力很强啊！

三、点拨教学，探讨说明方法

师：我们现在来探讨一下这一课的说明方法吧！这也许有点难度，因为连《教师教学用书》上都没有现成的答案。谁先发言？好，你说！

生15：用了举例子的说明方法。比如，“皇帝即位、生日、婚礼和元旦等都在这里受朝贺”，这句就形象具体地说明了太和殿的作用。

师：很好！很正确！还有呢？好，你说。

生16：用了摹状貌的说明方法。比如，“大殿廊下，鸣钟击磬，乐声悠扬。台基上的香炉和铜龟、铜鹤里点起檀香或松柏枝，烟雾缭绕”，生动形象地说明了太和殿是举行重大典礼的地方。还有，“在湛蓝的天空下，那金黄色的琉璃瓦重檐屋顶，显得格外辉煌”，生动形象地说明了太和殿“色彩鲜明，雄伟壮丽”的特点，表达了作者的赞叹之情。

师：你一下子就说了两个例子，而且说得如此精辟，我觉得大家应该为他点赞！

生（齐）：（鼓掌）

师：接着发言。你说！

生17：还用了打比方的说明方法。比如，“午门俗称五凤楼，是紫禁城的正门。走进午门，是一个宽广的庭院，弯弯的金水河像一条玉带横贯东西，河上是五座精美的汉白玉石桥”，这里作者把金水河比作玉带，形象生动地写出金水河建造精美的特点。

师：同学们的发言一个比一个精彩！老师真是甘拜下风了！哦，你说！

生18：还用了列数字的说明方法。比如，“太和殿俗称金銮殿，高28米，面积2 380多平方米”，作者用确切的数字说明金銮殿的高度和占地面积，准确具体地说明了太和殿“是故宫最大的殿堂”这一特点。

师：对！你说。

生19：我再举一个列数字说明方法的例子。如，“宫城呈长方形，占地72万平方米，有大小宫殿七十多座、房屋九千多间。城墙外是五十多米宽的护城河”，这里准确科学地介绍了故宫的布局，体现了紫禁城的雄伟壮丽，给人留下深刻的印象。

师：你很棒！还有呢？好，你说！

生20：还用了作比较的说明方法。比如，“前三殿的图案以龙为主，后三宫凤凰逐渐增加”，这里用了作比较的说明方法，把前三殿和后三宫的图案作比较，强调说明了“前三殿的图案以龙为主”的特点。

师：同学们的发言十分精彩，十分精辟！还有没有呢？哦，老师再补充一种说明方法，就是“作诠释”的说明方法，比如，“在北京的中心，有一座城中之城，这就是紫禁城。现在人们叫它故宫，也叫故宫博物院”，这里，作者对紫禁城作了诠释，通俗易懂地说明了故宫的地理位置、地位、规模和故宫名称的演变。

师：说明方法我们就探讨到这里。下面大家填写一张图标。

四、填写图标，弄清说明顺序

【屏显故宫示意图】

每人下发一张故宫示意图。

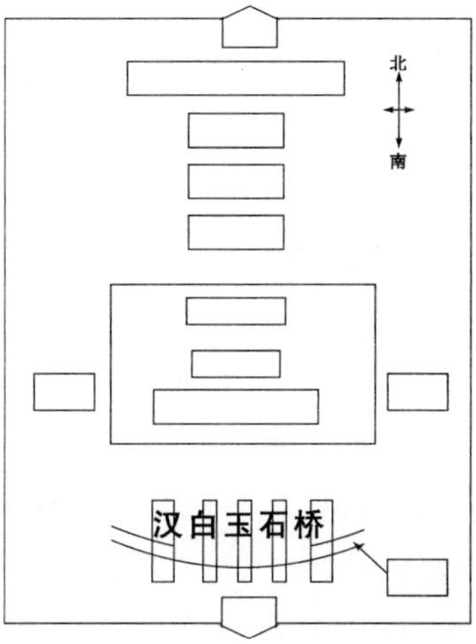

师：请同学们根据课文内容和作者的写作顺序认真填写这张故宫示意图。填写完了就举手示意。

（约过了 2 分钟）

师：大部分人都填写完了。很好。我请一位同学，把他填的结果和大家交流一下。

生 21：（图标交给老师）

师：（实物投影）怎么样？他的答案对吗？

生（齐）：对！

师：非常正确。由这张图可以直观地看出作者的说明顺序是什么呢？

生（齐）：由南到北。

师：对！（据图讲解）作者像个导游，沿着紫禁城的中轴线，由南到北，依次介绍建筑物。先以天安门为起点，穿端门，进午门，过汉白玉石桥，来到前三殿。然后又依次介绍了太和殿、中和殿和保和殿，并略提了东西两侧的文华殿和武英殿。然后继续向北，简单介绍了位于中轴线的“内廷”建筑：乾清宫、交泰殿、坤宁宫和御花园。最后，出顺贞门，到神武门而离开故宫。

师：这样写有什么好处呢？

生（齐）：井然有序，条理清楚。

五、布置作业，读写结合

师：今天的作业是写一篇说明学校建筑特点的小作文。

教学艺术欣赏

举重若轻，突出重点

孙春成老师的“说明文三学课型”就是三大板块，即“学说明语言，学说明方法，学说明顺序”，在《故宫博物院》这篇课文的教学中体现得特别突出。应该说这篇说明文分量很重，较难驾驭，但孙老师的教学，可谓举重若轻，而且重点十分突出。我听了孙老师这节课，收获很大。

一、举重若轻，突出重点

这篇课文的重点是说明“太和殿”，孙老师则把“学说明语言”的教学重点也放在“太和殿”上。其最大的优点是“图文并茂”，尤其是帮助学生学习理解故宫建筑的一些专业术语，诸如“重檐”“斗拱”“额枋”“琐窗”“钟”“磬”“香炉”“铜龟”“铜鹤”等，孙老师都精心配以相对应的图片进行教学。故宫建筑，许多专业名词，你不配上它的图样来，学生理解起来很艰涩，学起来很枯燥。但是，孙老师“图文并茂”的教学方法，举重若轻地解决了这些难题，而且突出了教学的重点，可谓一箭双雕。

二、学生主体，教师主导

“学说明方法”这一教学环节，总的来说是以学生为主体，进展比较顺利，学生对说明方法及其作用的掌握可以说十分熟练。这里我要强调一点的是，孙老师在学生顺风顺水的时候坚持表扬和鼓励学生，但在学生学习遇到困难时他却能够“润物细无声”地帮助学生。比如，学生一股脑说了“举例子”“摹状貌”“打比方”“列数字”“作比较”五种说明方法，似乎再找不到什么说明方法了，这时，孙老师的主导作用就发挥得淋漓尽致了：“还有没有呢？哦，老师再补充一种说明方法，就是‘作诠释’的说明方法，比如，

‘在北京的中心，有一座城中之城，这就是紫禁城。现在人们叫它故宫，也叫故宫博物院’，这里，作者对紫禁城作了诠释，通俗易懂地说明了故宫的地理位置、地位、规模和故宫名称的演变。”这一补充讲解，看似闲来之笔，实则老道深厚，体现了孙老师的教学机智和教学艺术。

三、填写图标，寓教于乐

“学说明顺序”这一教学环节，孙老师的做法更值得推崇。孙老师让学生填写图标，寓教于乐，十分智慧。

最后，我再特别说说孙老师这一课的导入，可谓匠心独运。其导入有两大特点。一是视频导入，激发兴趣。二是对比演讲，激发热情。孙老师的导入语可以说是精心设计的艺术佳作：“同学们，在世界建筑艺术领域，有许多著名的宫殿，如美国的白宫、英国的白金汉宫、俄罗斯的克里姆林宫、法国的凡尔赛宫等，但是，唯独我国的故宫最负盛名。故宫是世界上现存规模最大、最完整的古代宫殿建筑群，1987 年被联合国教科文组织世界遗产委员会列入‘世界遗产名录’。故宫，是我国古代宫殿建筑艺术的瑰宝。今天，我们来学习《故宫博物院》一课。”

第十章　四环节语文教学艺术课型

《一棵小桃树》教学实录

时间：2017年4月6日（周四）下午14：10—14：50

地点：深圳市龙岗区平湖中学

学生：七年级8班

主题：教研员送课下校

执教：孙春成

整理：刘毅

一、图片导入，引起悬念

【屏显】

一棵小桃树的图片

师：这是一棵什么树呢？

生（齐）：桃树。

师：正确。

（板书：一棵小桃树/贾平凹）

师：是一棵小桃树。今天我们就来学习贾平凹的散文《一棵小桃树》，了解一下这究竟是一棵怎样的小桃树，在它身上都发生了什么故事。

二、再读课文，整体感知

师：同学们课前都阅读这篇课文了吗？

生（齐）：读了！

师：很好！现在请同学们再快速浏览一遍课文。看完就举手示意。

三、自主探究，个性解读

师：很好，大家都浏览完毕了。这是一篇自读课文，所以，今天我们主要针对课文内容来讨论两个问题。

师：第一个问题是——你认为这是一棵怎样的小桃树，你喜欢它吗？喜欢它哪里呢？

生1：这是一棵非同寻常的小桃树，它包含了作者的爱，我十分喜欢它。我喜欢它那永不倒下的精神，无论下多大的雨，小桃树即便千百次被风雨打弯了腰，但又千百次挣扎起来，始终伫立在风里、雨里。

师：你发现了小桃树具有永不倒下的精神，很好！

（板书：永不倒下）

生2：这是一棵顽强的小桃树，我也喜欢，因为它的“精神”打动了我。小桃树的诞生只是因为“作者”把吃剩的一个桃核埋在土里，长了出来，它的出生极为平凡。而且，出生后还不被人看中，只有“作者”在默默地帮助它，奶奶在护着它。但它的命运也不怎样，样子还难看，还遭到损害，差点被别人砍掉，但最后还是坚持了下来。在春季这种美好的时节里，下场春雨对植物算是一种福分，但小桃树还受不了这福分，反倒枯了，但它还是坚强地活下来了，它的顽强精神打动了我。

（全班鼓掌）

师：小桃树的顽强精神打动了你，所以你就应该向小桃树学习，学习它的顽强！

（板书：顽强）

生3：我认为这是棵孤独无助但又顽强的小桃树，我挺喜欢它的。因为它虽然被世间所遗弃，但它不辜负赋予它生命的人，再怎么困难，再怎么累，它都要顽强生长，做好自己，一切都是浮云。

（全班鼓掌）

师：做好自己最重要！言之有理！

生4：这是一棵坚忍不拔的小桃树，我喜欢它。因为它非常顽强，在没有人“照顾”的情况下，能够发芽；在被猪拱折了的时候，还能顽强地继续生长，所以我喜欢它，喜欢它坚忍不拔的“心”。

师：哦，你喜欢小桃树那颗坚忍不拔的“心”。有特点！

（板书：坚忍不拔）

生5：我认为这是一棵坚强、不向挫折低头、默默无闻的小桃树。我喜欢这棵小桃树，喜欢它那不向挫折低头的精神。因为在它刚发芽时，只是一棵不起眼的小芽儿，谁都不愿理睬、照看它，甚至连爱养花的爷爷也是如此，它靠着自己的力量慢慢长大。后来经过奶奶的照看，它长成了跟院墙一般高的桃树。接着它开花了，可花却很弱小，小桃树在风雨中多次“倒下”，但每一次都“站了起来”，与风雨作斗争！或许这便是我喜欢这棵小桃树最主要的原因吧！

（全班鼓掌）

师：这是一棵坚强、不向挫折低头、默默无闻的小桃树，所以你喜欢它。总结得好全面呀！

（板书：不向挫折低头）

生6：这是一棵看似弱小却无比坚强的小桃树，我喜欢它。小桃树是在作者的梦里孕育的，它有点“发育不良”，样子看起来极为猥琐，但是它终究在作者奶奶的“照顾”下长大。在一次雨后，它让作者感受到了生命的意义。我喜欢它的坚强，它在坚强中长大。

（全班鼓掌）

师：在一次雨后，小桃树让作者感受到了生命的意义，太棒了！太有哲理了！

生7：这是一棵看似“没出息”却倔强不屈服的小桃树。我喜欢它，喜欢它在春天里缓慢生长时的姿态，只有两尺来高，样子看起来有点猥琐，但它却把幼时的作者哄得十分开心，有着他人不知道的幸福；喜欢它的执着，当自己的花瓣被雨打落却保护着顶端的花苞，像一只天鹅，羽毛虽渐渐脱落，变得赤裸裸的，但它依然挣扎着生长。

（全班鼓掌）

师：哦！你喜欢小桃树的执着！你很有思想！

（板书：执着）

生8：这是一棵在逆境中顽强生长、坚持不放弃、生命力顽强的小桃树。我喜欢它的品质，在逆境中顽强抵抗，就像一个人在逆境中，虽“逆水行舟不进则退”，但它选择了“奋力向前”，所以我很喜欢它。

师：你悟出了“逆水行舟不进则退”的道理！厉害！

（板书：逆水行舟）

生 9：这是一棵命运坎坷，却又坚持到底的小桃树，我非常喜欢它。所有人对小桃树都不抱有希望，可它却独自在墙角偷偷发芽，不愿放弃自己的生命，也不愿忘记自己的梦想。它的一生虽充满苦难，但它坚持了下来。一个小小的生命，竟如此顽强！我喜爱它的坚持，同时也敬佩它的坚持。

（全班鼓掌）

师：你喜爱小桃树的坚持，同时也敬佩小桃树的坚持！非常好，坚持就是胜利嘛！

（板书：坚持）

生 10：这是一棵有梦想的小桃树，我喜欢它。我喜欢它对自己梦想的一种坚持，它刚长出来时，没有人看好它，但它却要努力成长，哪怕最后开出的花那么平凡，却依然要让自己开花，用花来证明：哪怕我只是一棵野桃树，但我能像其他桃树一样开出花。

（全班鼓掌）

师：这是一棵有梦想的小桃树！的确，人不能没有梦想！

（板书：有梦想）

生 11：这是一棵脆弱但又坚强的小桃树，我喜欢它。喜欢它在不属于它的地方努力发芽的精神；喜欢它即使脆弱也要生存下去的精神；喜欢它面临大雨的侵蚀却又一次次挺直腰板的精神。

师：是呀，做人也要具有挺直腰板的精神！点赞！

生 12：我觉得这是一棵不放弃自己的小桃树。每一棵树都不能决定自己生长在哪里，得到怎样的照顾。当小桃树生长在恶劣的环境中，因为得不到很好的护理，跟爷爷精心照料的花草比起来，有了明显的反差。没有人喜欢它，大家都嫌弃它，它就在角落里默默地生长着。就在小桃树被所有人遗忘的时候，它没有放弃自己，而是顽强地生长。所以我喜欢最初被人忽视，但依然不放弃自己的小桃树。

（全班鼓掌）

师：做人也要有一种永不放弃、永不言败的精神！

（板书：永不放弃）

生 13：我喜欢小桃树，它没有最美的容颜，却有一种从骨子里透出来的坚强。即使饱经风霜，也要在风雨中矗立，像一尊永不倒的雕像，有着英雄气概。桃之灼灼，这是众所周知的花，开得美丽，开得妖娆。但是，人世间，有一种东西叫作内涵，叫作内在美，这才是真正的闪光点。

（全班鼓掌）

师：做人也要像小桃树一样有内涵、有内在美！

（板书：内在美）

生 14：这是一棵顽强的小桃树，我特别喜欢它。它天生条件不好，却依旧向着朝阳的方向努力生长。用双倍的坚强，固执地想要抓住一缕轻盈的梦。在暴风雨中，它用被迫的倔强维护其仅剩的尊严。谁说金子一定要发光？幽径无人独自芳！

（全班鼓掌）

师：谁说金子一定要发光？幽径无人独自芳！——好有诗意！好有哲理！棒极了！

（板书：尊严）

生 15：我认为这是一棵十分坚强，拥有强大生命力的小桃树，我喜欢它。喜欢它百折不挠的精神，喜欢它在连蜜蜂、蝴蝶都不看好它的情况下，还能结出嫩黄色、嫩红色的花苞。

师：这是一棵拥有强大生命力的小桃树。生命力，这个解读很接地气！

（板书：生命力）

生 16：这是一棵坚毅的小桃树，我十分喜欢它。它虽孱弱，但内心却坚毅。在大风大雨中也绝不低头，它这种逆流而上的勇气与毅力让我佩服。

师：你发现了小桃树坚毅的品格，有眼力！

（板书：坚毅）

生 17：这是一棵不屈不挠的小桃树，我喜欢它。喜欢它在逆境中生长，虽然自己很瘦弱，但却拥有顽强抗争的精神和面对困难坎坷时坚强不屈的品质。

师：你喜欢小桃树在逆境中生长，不错！

生 18：这是一棵弱不禁风的小桃树，虽然很弱小，没有人愿意理它，但是它坚强不屈。我喜欢它的那种精神，正如文中所说："我的小桃树千百次地俯下身去，又千百次地挣扎起来。"它就像丑小鸭一样，顽强地生长在土壤里，即使只有一个人管它，它也没有放弃，这是非常令人敬佩的。

（全班鼓掌）

师：哦！你说小桃树就像丑小鸭一样非常令人敬佩！比喻十分恰切！非常棒！

（板书：令人敬佩）

生19：这是一棵样子有点儿猥琐，很单薄的小桃树。我喜欢它那顽强的生命力，就像学习应当坚持不懈一样。

师：很好，你联系了学习应当坚持不懈，可谓学以致用啊！

（板书：坚持不懈）

师：还有人发言吗？没了？

师：大家对小桃树的解读都很有个性，各有千秋，各抒己见，都持之有据，言之有理，掌声不断，高潮迭起，非常精彩！老师打心眼儿里佩服同学们。我们看看黑板，小桃树的形象便一目了然！

四、情感溯源，借物喻人

师：刚才同学们发言都很积极，也很有水平。现在我们讨论第二个问题——你认为这棵小桃树和作者有着怎样特殊的情感联系呢？

生1：我认为小桃树与作者的关系并不只是植物与主人的关系，而是作者把对奶奶的爱寄托在树里，用他对奶奶的爱来种植这棵小桃树。因为在奶奶去世之前，是奶奶照顾小桃树，使小桃树充满生机。所以，作者与小桃树的联系就是作者与奶奶的联系。

师：哦，你认为作者与小桃树的联系就是作者与奶奶的联系，有道理！

生2：作者的一生与桃树的命运息息相关，在一开始，十分平凡，得不到关爱，在奶奶的保护下才艰难成长。长大后又遭受屈辱、嫌弃，长得都不怎么样，还“丑陋”。没了奶奶的呵护，作者与桃树都渐渐开始“衰落”。到最后，一场“福分”使作者与桃树受到重创。但他们坚持了下去，哪怕希望只有一个花苞那么小，都可能开放。作者想起桃树，联想起了当年软弱无能的自己。

（全班鼓掌）

师：作者的一生与桃树的命运息息相关，分析得头头是道，也很具体，有理有据。不错！

生3：我认为这棵小桃树和作者有着特殊的情感联系：“我”赋予小桃树生命，小桃树很坚强地生长。开始，“我”对小桃树抱有很大的希望，但长大后发觉自己很幼稚。到最后，“我”又重新对这棵小桃树充满了希望。因为它的精神，打动了“我”。

师：小桃树的精神打动了你，很棒！

生4：第一，在作者的奶奶去世后，他看着桃树，便想起了奶奶和小桃树，觉得非常对不起他们。奶奶生前，帮助他照料小桃树，所以作者间接地把小桃树当作自己的奶奶。第二，他对小桃树有一种愧疚感。开始，他把桃核埋在院子角落的土里，想让它在那儿蓄梦，但过了一段时间，作者却把它遗忘了，遗落在了那里。

师：他对小桃树有一种愧疚感，你的解读很特别，很好，也很有条理！

生20：在作者离开家乡到城市的那段日子里，是奶奶无私地照顾着它；在有人要砍掉它的时候，是奶奶保护着它。小桃树在奶奶的关怀下成长，即使再单薄、再难看，它还是茁壮成长。奶奶死后，小桃树好似因奶奶的去世而变得苍白无力。作者说："看着桃树，想起没能再见一面的奶奶，我深深懊悔，我对不起奶奶，对不起小桃树。"对作者来说，桃树好似奶奶一样，写小桃树是为了表达对奶奶的思念之情。

（全班鼓掌）

师：写小桃树是为了表达对奶奶的思念之情，解读得很有人情味！

生21：小桃树虽然长在墙角，十分弱小，可也开出了花。作者的奶奶悉心照顾它，当有人嫌弃它，要砍掉它的时候，奶奶是反对的。小桃树不仅承载了作者儿时的回忆和梦，也承载着奶奶对作者的爱。

（全班鼓掌）

师：小桃树不仅承载了作者儿时的回忆和梦，也承载着奶奶对作者的爱。你真是个很有爱心的好孩子，回答得很棒！

生6：这棵小桃树是作者在暗喻自己。小桃树的遭遇和作者一样，也都是在奶奶的照料下长大，作者借小桃树比喻自己、感慨自己的经历。

师：暗喻自己！有意思，有味道！不错！

生8：作者用借物抒情的方法不仅表达了自己对小桃树的喜爱，还借助小桃树表达了对奶奶的怀念和愧疚。因为作者看到小桃树被遗忘在院子的角落，又想到奶奶维护小桃树被别人伤害，自己却漂泊异乡丢下小桃树，因而愧疚。当作者看到小桃树被风雨剥落着一片又一片叶子时，不禁怀念、想念起奶奶。

（全班鼓掌）

师：作者借助小桃树表达了对奶奶的怀念和愧疚，分析得好到位啊！

生10：我认为这棵小桃树就是奶奶的一种寄托，奶奶给了我一个梦想，我却在不经意间让它长了出来，其实我就和那棵小桃树一样，用花来证明自己。哪怕我只是一个乡下人，哪怕我只是一棵小桃树，也会为了梦想而努力，而坚持下去。

师：一种寄托——这个回答也很有新意哦！

生 22：小桃树是作者幼年时种下的美好期许，准确来说是美好的梦。小桃树包含着作者幼时的梦想与愿望，也包含着奶奶深深的爱。作者离开家乡后，都是奶奶在照料小桃树。因为奶奶爱作者，而作者不在身边，奶奶就将小桃树当作思念的寄托，一边思念着作者，一边守护着作者的梦想，在小桃树上寄托着对作者的思念与爱。奶奶去世了，作者回来了，人去楼空，只有小桃树依旧，作者对奶奶的思念也由此展现。所以，我认为小桃树就是作者与奶奶之间的一种联系。

（全班鼓掌）

师：小桃树包含着作者幼时的梦想与愿望，也包含着奶奶深深的爱。回答得真好！为你点赞！

生 11：我认为这棵小桃树不仅是作者梦的精灵，还是作者心灵上的一片净土。渐渐长大的作者心境已是垂垂暮老了，但当他再次看到这棵小桃树时，想起了他那温柔慈祥的奶奶，同时也被小桃树的坚强所打动。小桃树要俯下身子时，作者对奶奶的过世和童年的时光感到悲伤和遗憾；但当小桃树每每重新站起来时，作者对未来的路感到一片光明。

师：你认为这棵小桃树不仅是作者梦的精灵，还是作者心灵上的一片净土。这个解读也很与众不同！很好！

生 12：小桃树承载着作者的梦，小桃树教会了作者乐观向上与坚强，帮助作者成长，作者对小桃树充满了感激之情。

（全班鼓掌）

师：作者对小桃树充满了感激之情。言之有理！

生 23：小桃树实际上就是另一个作者。文中叙述了小桃树的“身世”，其实就是作者人生的经历。儿时的作者怀着对自己今后幸福生活的憧憬，种下了桃树。饱经风雨却又顽强生长的小桃树，不正是那个原本辛勤耕作的农民，后来坚持写作从而蜚声文坛的作家吗？

师：小桃树实际上就是另一个作者。一点也没错！

生 14：它是属于作者的，就像那只沙漠里的狐狸属于小王子一样。对于作者来说，它承载着自己的梦和儿时对未来的向往与憧憬，它跟这世上其他千千万万棵小桃树不一样。没有作者的梦，便没有它；同理，没有它，作者的梦就是虚无。

（全班鼓掌）

师：它跟这世上其他千千万万棵小桃树不一样，就是因为它有梦！很好！

生17：作者不仅仅是写小桃树，也是在写自己的坎坷经历。作者从小桃树所表现出的顽强生命力，看到了自己的希望，坚定了自己的信念。小桃树的坎坷经历和作者相似，因此作者对它的感情十分沉重。

师：作者对它的感情十分沉重？这句话这样说是不是更准确：作者对它的感情十分深厚！

生24：作者不仅仅在写小桃树，他也是在写自己的坎坷经历。作者把自己的梦想寄托在小桃树上。小桃树渗透着作者对人生的追求和感悟。

（全班鼓掌）

师：小桃树渗透着作者对人生的追求和感悟，好深刻，好有思想啊！

生25：这棵小桃树其实就是作者，作者用借物喻人的方式来写他自己。作者从儿时便向往着幸福，但他却经历了无数的挫折与磨难，就像小桃树一样，它长得慢，生得不好看，而且还被猪拱倒过，在雨中花瓣一片片掉落，还有照顾他的奶奶去世，各种挫折都在小桃树的成长中体现了出来。

（全班鼓掌）

师：哦！这棵小桃树其实就是作者，作者用借物喻人的方式来写他自己。借物喻人——说得太正确了！什么是借物喻人？

【屏显】

借物喻人

就是借某一事物的特点，来描写人的一种品格，通常在作文中出现，是作文中用来表现、突出中心思想的常用方法。无论写人、记事，还是写景、状物，正确运用借物喻人的写法，可以使文章立意更深远，表情达意更含蓄，增强文章的表现力和感染力。运用借物喻人的手法时需要注意，所描述事物的特点，要与人的品格有相似之处，让人读了文章能清楚地认识到借物要说明什么，赞誉怎样的人。

师：我们讨论的第二个问题，不仅让我们知道了作者和小桃树之间特殊的情感联系，还让我们理解了借物喻人的写作手法，非常棒！老师为同学们出色的表现和非凡的智慧点赞！

师：今天的课就上到这里。作业——

【屏显】

请根据黑板上的这些词汇，为这棵“小桃树”写一段颁奖词。

教学艺术欣赏

大胆处理教材，重新塑造课型

孙春成老师的“四环节语文教学艺术课型”包括语文课堂教学过程中“开讲的艺术、过渡的艺术、高潮的艺术、结尾的艺术”四个环节。所谓“四环节语文教学艺术课型”，就是指在课堂教学的开头、过渡、高潮和结尾四个环节上，要系统设计，艺术处理，优化整合，启思开智。

谈谈孙老师在这堂课教学的开头、过渡、高潮和结尾四个环节上的艺术处理吧。开讲环节，孙老师运用的是“图片导入，引起悬念，激发兴趣”的方法。过渡环节，在导入正课后，孙老师是这样承上启下过渡的：“今天我们就来学习贾平凹的散文《一棵小桃树》，了解一下这究竟是一棵怎样的小桃树，在它身上都发生了什么故事。”在学生浏览课文，整体感知之后，要进行正课之前，孙老师是这样过渡的：“大家都浏览完毕了。这是一篇自读课文，所以，今天我们主要针对课文内容来讨论两个问题。”可谓开宗明义，开门见山。在讨论完第一个问题，转为讨论第二个问题之时，孙老师是这样过渡的：“刚才同学们发言都很积极，也很有水平。现在我们讨论第二个问题——你认为这棵小桃树和作者有着怎样特殊的情感联系呢?”高潮环节，整堂课学生的发言精彩纷呈，高潮迭起。结尾环节，孙老师让学生给小桃树写颁奖词，很有创意。

孙春成老师教学《一棵小桃树》，大胆处理教材，重新塑造课型的能力和水平令人叹服。这是一篇“自读课文”，所以，孙老师并没有教读学生，并没有运用复杂的教学方法，而是通过导入转入正课后，整堂课只让学生自主探究了两个问题，即“你认为这是一棵怎样的小桃树，你喜欢它吗？喜欢它哪里呢?”和“你认为这棵小桃树和作者有着怎样特殊的情感联系呢?”这样大刀阔斧地处理教材，一方面突出了教学重点，另一方面重新塑造了课型，真是艺高人胆大！而且，孙老师设计的这两个问题都是直指文本的灵魂，第一个问题：“你认为这是一棵怎样的小桃树，你喜欢它吗？喜欢它哪里呢?”其实就是要学生认识小桃树身上的可贵品质，让学生学习小桃树的顽强精神，这分明突出了语文教学的人文性和教育性，达到了教书育人之效。第二个问题："你认为这棵小桃树和作者有着怎样特殊的情感联系呢?"其实就是要一课一得，让学生通过讨论，懂得什么是"借物喻人"。所以，虽然是自读课文，但也让学生在"工具性"和"人文性"方面都有收获。

第十一章　指导学生互相评改作文课型

《一件小事》教学实录

时间：2008 年 11 月 21 日上午 9：00—10：30

地点：深圳市龙岗区实验学校

学生：七年级 5 班

主题：教研员示范课

执教：孙春成

整理：刘毅

第一课时（9：00—9：40）

师：同学们，上一周我们写了作文《一件小事》，今天我们学习互相评改作文。

师：同学们看大屏幕，老师先给你们介绍几种作文批改的基本方法。

【屏显】

作文批改的基本方法：

1．错字，在其上画“×”；

别字，在其上画“｜”。

2．优美的句子，在其下画波浪线“～～～”。

3．精彩的句子，在其下画圆圈“。。。”。

4．不通顺的句子，在其下画横线“——”。

5．旁批。

6．眉批。

7．总体评价。

8. 打分。

师：怎么“打分”呢？

【屏显】

作文评分标准（百分制）：

一类卷（100—90分）

1. 立意明确，中心突出，材料具体生动，有真情实感。
2. 结构严谨，注意前后照应，详略得当。
3. 语言得体、流畅。

二类卷（89—80分）

1. 立意明确，中心突出，材料具体。
2. 结构完整，条理清晰。
3. 语言规范、通顺。

三类卷（79—70分）

1. 立意明确，材料能表现中心。
2. 结构基本完整，有条理。
3. 语言基本通顺，有少数错别字。

四类卷（69—60分）

1. 立意不明确，材料难以表现中心。
2. 结构不完整，条理不清晰。
3. 语言不通顺，错别字较多。

五类卷（59—0分）

1. 没有中心，空洞无物，严重离题。
2. 结构残缺，不成篇章。
3. 文理不通，错别字较多。

加分（符合下列条件之一，可酌情加1—3分，加至本题满分为止）：

1. 立意深刻。
2. 构思独特。
3. 语言优美。
4. 富有个性。
5. 卷面整洁，书写优美。

扣分：

1. 无标题扣2分。

2. 不足500字者，每少50字扣1分。

3. 错别字每3个扣1分（重复的错别字不计），最多扣3分。

4. 不能正确使用标点符号扣1—3分。

5. 卷面脏乱，字迹潦草，难以辨认者扣1—3分。

6. 出现暴露身份的真实校名、地名、人名的扣1—3分。

师：下面老师介绍一下同学们“学生互相评改作文”的步骤。

【屏显】

“学生互相评改作文”之步骤：

第一步：统一评改标准。

第二步：把握评改方法。

第三步：选择评改方式。

第四步：进行互相评改。

第五步：交流评改作文。

师：好啦，大家就根据老师讲的这些标准或方法，“同桌交换互相评改”或“四人小组合作互相评改”！

生（齐）：互相评改作文《一件小事》。

第二课时（9：50—10：30）

师：这节课老师讲评一下作文《一件小事》。

【屏显】

记叙中的议论和抒情——《一件小事》作文讲评。

【屏显】

榜上有名：倪子斌、陈茵琳、卢悦香、连哲旋、伦月娥、胡建中、黄瑞嘉、聂佩登、卓怡雯、林炜、钟瑜、林嘉霓。

师：首先，老师要特别表扬这12位同学，他们的作文整体上来说都写得比较好。

【屏显】

记叙中的议论和抒情优秀习作展评。

【屏显】

故事梗概（作者：胡建中）

写一个小女孩和一名男青年素不相识，两人一起到面包店买奶油包，但店里只剩下一个奶油包了，那个小女孩就毫不犹豫地把奶油包让给男青年，结果男青年也没买那个奶油包……

精彩片段——“意味深长”式议论与抒情。

善良宝贵如金，善良博大如海，但又蕴含在简单而平易的细节之中。有时，它是风雨中悄然撑开的一把伞；有时，它是黑暗中倏然点亮的一盏灯；有时，它是寒冬里熊熊燃烧的一盆火。更多时候，善良是一句亲切的问候，一个善意的微笑，一声真诚的祝福，一个善意的行动……

我走到橱窗前，买下那一个奶油包，我小心翼翼地捧着它，舍不得吃它。因为它珍藏着小女孩那颗善良的心。

【屏显】

故事梗概（作者：黄瑞嘉）

写上学遇到大雨，搭了邻居的顺风车，下车时遇到一女生主动打伞为她挡雨。

精彩片段——“形象感人”式议论与抒情。

她笑了笑，如冬日里的阳光，融化了积雪，给予万物温暖。看着她渐渐远去的身影，心中滑过一丝感动。

雨还在淅淅沥沥地下着，地面上溅起的水花亦如她灿烂的微笑。我抬起了头，看了看天空，笑了笑，然后朝学校走去。

有人说过，每个人都是天使。真的，像我家楼上的叔叔，像那位女生。现在我才明白，只要心存善良，谁都可能成为天使。我们的身边不乏天使，天使就在你、我、他之间。

一件小事，一个天使，一阵温暖。

【屏显】

故事梗概（作者：伦月娥）

写一个小男孩帮打扫楼道的清洁工按电梯按钮。

精彩片段——“简洁明了”式议论与抒情。

原来一直迷惑的4楼按钮之谜背后，是如此令人感动的一面。

那一按，是善良的。

那一按，是美丽的。

【屏显】

知识卡片：什么是记叙文中的议论和抒情？

议论：指记叙文在描述事件、塑造形象的过程中，穿插进作者对人物、事件的评价和态度。

抒情：是作者的主观感受和思想感情在作文中的抒发和倾吐。

【屏显】

知识归纳：记叙文中的议论与抒情的作用是什么？

一、点题明旨（如胡建中的习作）

也即画龙点睛，用议论抒情点题，揭示事件的深层意义。

二、阐明感悟（如黄瑞嘉的习作）

表达作者对人物、事件的看法、评价，阐明自己对生活的感悟。

三、表达心愿（如伦月娥的习作）

抒发一种情感，表达一种心愿。

师：下面进行“记叙中的议论和抒情”问题习作展评。

【屏显】

故事梗概：写看到一个小男孩滑倒后又爬起来。

文末议论：世上没有不弯的路，人间没有不谢的花。

问题类型：离题万里。

【屏显】

故事梗概：写暑假自己打工“穿珠子”。

文末议论：以后，我看到辛苦工作的工人们，应该向他们道一声“辛苦了”。城市就是因为有这些辛劳的工人们，而变得美丽。

问题类型：抒发不当。

师：我们共同欣赏一下倪子斌同学的作文。

【屏显】

《一件小事》（作者：倪子斌）

一只脚踩扁了紫罗兰，它却把香味留在那脚上，这就是宽容。

——安德鲁·马修斯

宽容，多么神奇的两个字。人们会因为宽容而变得温暖；生命会因为宽容而更加精彩；整个世界，会因为宽容而倍加美好，和平！

“哗哗哗”，大雨连绵，狂风咆哮，雷电交加，街道上水泄不通。我撑着伞，急急忙忙地向补习班跑去。到了之后，全身已经变成了落汤鸡，衣服湿得能拧出水来，心情也更加郁闷……

上个星期五（倒叙），学校因为台风的缘故而停课一天，我的邻居来我家和我一起玩电脑。正当我们玩到最关键的时刻，邻居因为太过激动而把手往右边一挥，正好碰到玻璃架上的一个花瓶，“啪”的一声，花瓶在空中做了一个美丽的后空翻，转眼化成碎片。我的火一下子就冒上来了，这可是我最珍爱的花瓶。怒火烧光了我的理智，我随手抓起电脑前的网球，用尽力气投射出去，重重地打在了邻居的脸上……

虽然，邻居并没有受伤；虽然，我事后向他道了歉；虽然，这在我的生活中只是微不足道的一件小事（照应文题）。但是我还是反省到我犯了严重的错误。为什么我不学着宽容点呢？我怎么会对自己的朋友出手呢？我真是太狭隘了……

现在，我在补习班里，望着窗外连绵不断的大雨。忽然，我注意到窗边有一条窗帘绳被绑了起来。这个绳结由两个死结组成，每个大结上都有十个小结。于是，我下决心解开它。当我把21个死结都解开时，看了一下计时器：3分28秒。解开21个死结只需3分28秒，那为什么不去尝试解开狭隘的心结呢？把狭隘之心扔掉，用宽容去面对一切。（从生活细节得到启发）

如果天空不宽容，容忍不了风雨雷电，何来它的辽阔之美；如果大海不宽容，容忍不了惊涛骇浪，何来它的浩瀚之美；如果宇宙不宽容，容忍不了星辰裂变，何来它的神秘之美；如果时间不宽容，容忍不了兴衰更迭，何来它的延续之美……

我的朋友，我把我的宽容——神奇的两个字送给你，既希望你能拥有，也希望你能给予。让我们告别狭隘之心，用宽容之心包容一切，学会做那朵赠人清香的紫罗兰（照应题记）。

【屏显】

“记叙、议论和抒情相结合”的两种方式：

在记叙文里，记叙、议论和抒情总是融合在一起使用，它们有两种相结合的方式：

一是文章的主体部分是记叙，而开头或结尾是议论或抒情。

二是边叙述边议论或抒情，即夹叙夹议。

以上两点在倪子斌同学的习作里体现得都比较明显。

【屏显】

作业：针对自己和长辈（如父母或老师）顶嘴的一件小事，写一段“议论和抒情”的话，字数不限。

教学艺术欣赏

将语文老师从繁重的作文批改中解放出来！

孙春成老师是2008年9月任龙岗区初中语文教研员的，他上任不到两个月，就在全区上学生互相评改作文示范课，并作专题报告，全面推广他的学生互相评改作文（《指导学生批改作文的理论与实践》，发表在1989年第3期《语文教学论坛》，并获全国优秀论文评比一等奖）经验，他的目的就是“将语文老师从繁重的作文批改中解放出来”！可谓有胆有识！我翻看自己当时的听会笔记，追忆孙春成老师当天的讲座情景，其观点主要包括以下几个方面：

一、传统的教师“精批细改”之弊病有两点：一是忽视了学生这个作文的主体，阻碍了学生作文主动性的发挥。“老师辛苦了，学生吃亏了。”二是破坏了“作文与评改作文”的整体性与系统性。学生只会作文，不会评改，缺乏作文与评改的系统性训练，作文能力必然低下。

二、孙老师明确指出作文教学的出路是——还评改权于学生！理由有这么几点：一是新课标明确要求学生：“养成修改自己作文的习惯，修改时能借助语感和语法修辞常识，做到文从字顺。能与他人交流写作心得，互相评改作文，以分享感受，沟通见解。”二是叶圣陶先生在《大力研究语文教学，尽快改进语文教学》一文中指出：“着重培养学生自己改的能力，教师只给些引导和指点，该怎么改让学生自己去考虑去决定，学生不就处于主动地位了吗？养成了自己改的能力，这是终身受用的。”三是系统论的整体性原理告诉我们，“作文和评改作文”是一个整体，学生既要会写作文，也必须会评改作文。四是从实践论的角度讲，学生评改一次作文就等于重新写了一次作文，增加了作文的数量，而量变必然会产生质变。基于以上理念，孙老师大胆地进行作文教学改革，首先从作文批改上下手，目的就是教会学生“互相评改作文”，培养学生“修改自己作文的习惯”，切实提高作文教学效率和学生的作文能力，把语文教师从繁重而“徒劳无功”

的作文批改中解放出来！

孙老师还专门强调，教师特别需要注意一点——我们强调发挥学生在作文中的主体性，并不意味着在作文教学中削弱甚至是忽视教师的主导作用！他指出，学生“互相评改作文”中教师的主导作用体现在以下四点：一是目标制定，二是方法指导，三是过程调控，四是效果评价。

《一件小事》作文示范课，对学生来说似乎不算什么，但对于一线的语文教师来说可绝不是一件小事，而是天大的事情！可以说“开一代之先河”，是我区作文教学的一场革命！

孙老师的“指导学生互相评改作文课型”分三个步骤：讲方法→互评改→作总结。孙老师给学生讲了“作文批改基本方法”“作文评分标准”“学生互相评改作文之步骤”，这就是授之以法。需要指出的是，学生在互相评改之后，孙老师虽然没有对学生的作文一一精批细改，但依然对学生的作文进行了仔细的审阅和研究，他的“作总结”性的讲评指导很有示范性和指导性。首先他确立了讲评的主旨为“记叙中的议论和抒情”，然后围绕这个中心，展评了三种优秀习作：“‘意味深长’式议论与抒情”“‘形象感人’式议论与抒情”“‘简洁明了’式议论与抒情。”然后又举出了“离题万里”“抒发不当”两则反面的例子进行点评。从中让学生学到了规律性的作文知识：什么是记叙文中的议论与抒情？记叙文中的议论与抒情的作用是什么？可谓有的放矢，画龙点睛！

第十二章　专题性复习课型

“修改病句专题课”教学实录

时间：2017 年 5 月 9 日上午 10：15—10：55

地点：深圳市龙岗区平湖中学

学生：九年级 9 班

主题：教研员送课下校

执教：孙春成

整理：刘毅

一、明考点

【屏显】

能纠正句子的常见毛病。

师：屏幕上的这句话，就是深圳市 2017 年中考试题第一板块“（一）语言知识和专项语言表达”里“2. 表达应用”里的第 3 项要求。通俗而言，就是“修改病句”。

师：今天，我给同学们上一堂“修改病句”的专题性复习课。

二、示例题

【屏显】

题型示例一（2016 年深圳中考题）：请选出下列句子中没有语病的一项（　　）

A. 深圳市“募师支教”项目志愿者孙影，被评为“最美志愿者”。

B. 市领导出访香港，确定和商讨了深港共同发展的新规划。

C. 能否保持良好的身心状态，是中考取得好成绩的基本保证。

D. 漫步在荒僻的海滩，我们静静地聆听着汹涌的潮声和翻飞的海鸟。

（经过师生共同探讨，得出正确答案是 A）

【屏显】

题型示例二（2017 年深圳中考模拟题一）：请选出下列句子中没有语病的一项（　　）

A. 家长和老师对我们给予很高的厚望，我们一定要努力学习，决不辜负他们。

B. 为避免不再出现大量旅客滞留火车站的局面，深圳市春运办公室通过增加车票提示信息与应急候乘点匹配结合的方法，进一步提高了应急处置能力。

C. 7 月份以来，我国多地出现 35 度以上持续高温天气。气象专家预计，未来晴热高温天气还将持续，甚至有可能进一步升级。

D. 过于重视教育功能，文学作品会出现理性捆绑感性，思想大于形象，甚至全无艺术性，变成干巴巴的说教。

（经过师生共同探讨，得出正确答案是 C）

三、讲方法

【屏显】

常见病句类型：

1. 两面对一面。例：同学们对自己能否取得好成绩充满了信心。

2. 语义重复。例：这次考不好的原因是因为我没有按老师的要求仔细审题。

3. 句式杂糅。例：党领导干部，想问题都要从党和人民的根本利益为出发点。

4. 不合逻辑。例：他反驳时非常肯定地否认不是与个人恩怨有关。

5. 表意不清。例：局长嘱咐几个学校的领导，新学期的工作一定要有新的起色。

6. 语序不当。例：保护并了解我们的传统文化，是每个中国人义不容辞的责任。

7. 搭配不当。例：校长的一生，挽救不少失足青年。

8. 成分残缺。例：经过主人解释，才使他的怒气逐渐平息，最后脸上勉强露出笑容。

【屏显】

辨析病句的方法：

（1）找出主干，检查主谓宾（中心语）是否残缺，是否搭配不当。

（2）理清枝叶，检查枝叶同主干搭配是否得当。

（3）检查枝叶，看用词是否得当，前后是否矛盾，语序是否合理。

（4）检查关联词语有无滥用、错用或搭配不当现象，再看分句次序是否合理。

四、做练习

师：下面请同学们做练习，做完同桌交换批阅。

下发“练习题”打印件（老师共提供给学生120道练习题。略）

教学艺术欣赏

做练习是专题性复习课的主旋律

孙老师总结出的“专题性复习课型”，其结构和程序是：明考点→示例题→讲方法→做练习。孙老师的这一课条分缕析，板块鲜明地体现了他的中考专题性复习课型。

“明考点”就是讲清楚本节课的专题性复习针对的“考点”，即“教学目标”是什么。他给学生讲解了2017年《深圳市初中毕业生学业考试说明》里关于“修改病句”的要求：能纠正句子的常见毛病，是2017年深圳市中考最新的信息和要求。

“示例题”就是展示一下考题题型，让学生明白针对这个考点的命题形式。孙老师讲了两个具有代表性的例题；一则是上一年，即2016年深圳市中考修改病句的例题；一则是当年，即“2017年深圳中考模拟题一”里面的例题，给学生一种可信感。

“讲方法”就是讲解做题的方法。这里孙老师特意向学生讲解了8种常见病句类型，这就做到了有的放矢。孙老师讲解“辨析病句的方法”十分简约，为的就是节省时间，让学生围绕专题多做练习。

“做练习”就是当堂进行针对性的习题练习。专题性复习课主要是“做练习”，所以课堂绝大部分时间要用在这一环节上。由于平湖中学初三复习使用的资料是现代教育出版社出版的《语文中考全攻略训练本》，所以课堂上让学生做了这本书的修改病句专项训练题，共75道题，另外又补充了45道题，共120道题。孙老师要求“专题性复习课型”前三板块，即“明考点”“示例题”“讲方法”，一般在10分钟之内讲解完，剩余30分钟“做练习”，按这个设计和要求，应该说题量适当。

附录一　《谁是最幸运的》教学实录

时间：2014 年 12 月 10 日上午

地点：珠海市紫荆中学

主题：广东省初中语文“童话寓言”教学优秀课例观摩活动

执教：刘毅

指导：孙春成

获奖：一等奖（冠军）

说明：本教学实录发表在《语文教学通讯》2015 年第 7、8 期合刊上

师：上课，同学们好！

生：老师好！

师：请坐。

一、扣题图片导入

师：同学们，请看大屏幕，幸运是什么意思？齐读一下。

生：（齐读）“幸运”是指很难发生的好事竟然发生，侧重运气好，多形容人的机遇好。

师：这个是谁，知不知道？

师：这就是我们经常说的“幸运女神”。幸运女神在希腊神话中也叫命运女神，她往往随意地把好运和厄运分配给人们。所以我们经常听人说：“啊，幸运女神赶快降临到我的头上吧。”今天，我们就一起来学习一篇关于幸运的文章。齐读一下题目。

生：（齐读）谁是最幸运的。

二、品读童话，整体感知

师：这是丹麦童话大师安徒生的作品。下面请大家看手里的文章，快速地浏览一遍，同时思考“每一朵玫瑰花都认为自己是最幸运的”理由是什么。

师：注意，是快速浏览，这是一场阅读竞赛，看谁读得最快，找得最准。如果读完了就举手示意老师。

师：我看有些同学边读边用笔在文章上画一些句子，这是很好的阅读习惯。

师：读完的同学请举手示意老师。嗯，有两个同学读完了，3 个、4 个、5 个。很好。

师：读完的同学请举手。嗯，大部分同学都读完了。我们先来看第一朵玫瑰花有怎样的经历呢？谁来说一说？

生 1：第一朵玫瑰花被一个母亲放在了她死去的女儿的胸口上 。

师：嗯，第一朵玫瑰花被一个母亲放在了她死去的女儿的胸口上。大家觉得这一朵花和死人在一起是幸运的吗？一般来讲和死人在一起是比较晦气的，是吧？但这朵玫瑰花是怎么认为的呢？来，请读一下这朵玫瑰花的心理活动。

生 1：它想:“人们赋予了多么神圣的爱的使命呀！我好像成了人的孩子，得到了母亲的亲吻和祝福。我将走进未知的国度，在死者的胸膛上做梦！毫无疑问，在所有的姊妹中，我是最幸运的！”

师：嗯，好，这段话你读第一遍就能读得非常流畅。但是请注意这一句话“每一片花瓣都幸福地颤抖着”，幸福到颤抖是一种什么感觉？

生 1：很激动。

师：很激动，大家刚才听出激动没有？

生（齐）：没有。

师：没有，那请你再试一遍好不好？

生 1：“人们赋予了多么神圣的爱的使命呀！我好像成了人的孩子，得到了母亲的亲吻和祝福。我将走进未知的国度，在死者的胸膛上做梦！毫无疑问，在所有的姊妹中，我是最幸运的！”

师：是不是比刚才好一些？但感觉还不是那个味儿，老师来读一遍。（教师范读）齐读一遍。

生：（齐读）“人们赋予了多么神圣的爱的使命呀！我好像成了人的孩子，得到了母亲的亲吻和祝福。我将走进未知的国度，在死者的胸膛上做梦！毫无疑问，在所有的姊妹中，我是最幸运的！”

师：不够，再来重读最后一句。

生：（齐读）“毫无疑问，在所有的姊妹中，我是最幸运的！”

师：这朵花认为它是最幸运的，我们来看第二朵花又有怎样的经历呢？

生2：第二朵花，一个除草的老女人过来把它摘了下来放在报纸里，要把它带回家做成混合花用盐防腐保藏起来。它在被做的时候说：“我是最荣耀的！我是最幸运的！我将被保藏起来！”所以它也是最幸运的。

师：嗯，它也是最幸运的，它的幸运之处在于它享受了和谁一样的待遇啊？

生（齐）：国王。

师：嗯，和国王一样的待遇。所以它这样说道。请你来读一读这朵玫瑰花的这三句话。

生2：我是最荣耀的！我是最幸运的！我将被保藏起来！

师：你读得非常好，请坐。还有没有同学想挑战一下他？找个女同学好不好？

生（齐）：好！

师：哪位女同学来试一下？

生3：我是最荣耀的！我是最幸运的！我将被保藏起来！

师：嗯，你和他读得一样好。请等一下，想一想，如果想更好地把它的这种荣耀之情表达出来，这三句话应该用同样的语调去读吗？

生3：不是。

师：应该用怎样的语调？越来越怎样？

生3：高。

师：好，老师给你准备一个道具。（掏出玫瑰花）这是什么？

生：玫瑰花。

师：你拿着它，你就变成了这朵玫瑰花，然后你用越来越高的声调把这些话大声地读出来，好不好？

生3：我是最荣耀的！我是最幸运的！我将被保藏起来。

师：好，你这次读得像这朵玫瑰花一样漂亮，你就是那朵最大的、怒放的玫瑰花，这朵花赠给你。

师：的确，这朵花享受了和国王一样的待遇，是够幸运的了。那么，还有更幸运的吗？我们来看下一朵玫瑰花，齐读一遍。

生：（齐读）有两个年轻人到这花园里来，一个是画家，一个是诗人。他们每人摘下了一朵最好看的玫瑰花。画家把他那朵盛开的玫瑰花画在画布上，弄得那花儿还以为自己正在照着镜子呢。“这样一来，”画家说，“他就可以活好几代了。而在这期间，将有几百万朵玫瑰花会萎谢，会死掉！”“我是最得宠的！”这玫瑰花说，“我得到了最大的幸福！”诗人凝视着他那朵玫瑰，写下了一首颂诗，歌颂他在玫瑰的每个花瓣上所读到的神秘：《爱的画册》，这是一首不朽的诗。“我跟着这首诗永垂不朽了，”玫瑰花说。“我是最幸运的！”

师：这两朵花，一朵被画家定格在画布上，一朵被诗人定格在诗句里。他们都认为自己是最幸运最幸运的。下面我们来看一朵非常非常特殊的花。在刚才大家读文章的过程中看到这朵花没有？它是一朵有缺点或者叫与众不同的花。谁来说一说这朵花的缺点在什么地方，或者说他的与众不同之处在哪里？

生4：他的与众不同的地方表现在它的外表。

师：它的外表？请详细说一说。

生：它不能直直地立在茎子上，而且它的叶子有点不对称。花瓣正中央长着一片畸形的小绿叶。

师：噢，这朵花首先它不能直直地立在它的茎子上，（教师观察手中的玫瑰花）我们看这朵花是不是直直地立着的？

生：是。

师：其次，两边的叶子长得还不对称。并且在这个花的正中央，最奇怪的是还长了一片畸形的小绿叶。那么这朵玫瑰花在玫瑰花中也算得上是一朵——

生：奇葩。

师：奇葩！是吧？所以风儿看到这朵玫瑰花都说了什么啊？

生（齐）：可怜的孩子！

师：可怜的孩子！但是这朵玫瑰花是怎么认为的呢？我们齐读一下这一句话。

生：这朵玫瑰以为这是一种祝贺，一种称赞。它产生了一种感觉，觉得自己与众不同，正中心长出的一片绿叶正显示出自己的奇特。

师：并且后面我们可以看到，蝴蝶飞来了它以为是什么？

生5：求婚者。

师：求婚者，那只蚱蜢在那里蹬了蹬腿，擦了擦胫骨，它也觉得这只蚱蜢在向它示爱。更有甚者，我们看一看，夜莺在满天星斗的夜里唱歌，它以为是“这是为我而唱的”！所以这朵玫瑰花这样说。谁来给大家读一读这朵玫瑰花的语言？

师： 谁来读一下？好，那位同学。

生 6： 为什么我方方面面都要比我的姊妹们特别一些呢？为什么我竟然具备这个使我最幸运的特点呢？

师： 嗯，你觉得这朵玫瑰花在说这句话的时候是怎样的一种心情？

生 6： 应该是一种很骄傲、很自豪的心情。

师： 很骄傲、很自豪，说得非常好。请你想一想，要读出这种骄傲这种自豪，你要重读这两句话中的哪些词？

生 6： 特别、最幸运。

师： 嗯，特别、最幸运。来，请你再试一试。

生 6： 为什么我方方面面都要比我的姊妹们特别一些呢？为什么我竟然具备这个使我最幸运的特点呢？

师： 她重读了没有？

生（齐）： 重读了。

师： 重读了，但好像还是差那么一点点劲道，是吧？老师来教你读一下，我来读一遍，你来跟着读一遍，好吧？（教师范读）

生 6： 为什么我方方面面都要比我的姊妹们特别一些呢？为什么我竟然具备这个使我最幸运的特点呢？

师： 嗯，好，注意一个词，那词读什么？

生（齐）： 姊（zǐ）妹。

师： 哎，姊妹！好，请坐。那么，我们说这朵玫瑰花不仅长得奇特，它还有一个非常非常奇特的经历。是什么呢？被两个抽着雪茄烟的绅士当成了试验品。那两个抽着雪茄烟的绅士听说玫瑰花经过烟熏就会变成绿色，所以它非常幸运地被挑中了。大家觉得被拿去当作试验品是一件幸运的事吗？

生： 不是。

师： 不是，但是我们的这朵玫瑰花是怎么认为的？谁来读一读？

生 7： “这可是新的尊荣！”它说，“我真是格外的幸运！非常的幸运！”

师： 非常的幸运，还差那么一点点就更幸运了。你觉得应该重读哪些词？

生 7： 格外、非常。

师： 格外、非常，前面呢？

生 7： 尊荣。

师：尊荣，再来试一试。

生7："这可是新的尊荣！"它说，"我真是格外的幸运！非常的幸运！"

师：嗯，后两句读得非常好。前面这一句，"这可是新的尊荣！"好像有点突兀，应该重读哪个词比较好一点？

生7：新的。

师：新的？试一下。

生7："这可是新的尊荣！"它说，"我真是格外的幸运！非常的幸运！"

师：好，你带着大家读一下这句话，你起个头。

生：（齐读）"这可是新的尊荣！它说，我真是格外的幸运！非常的幸运！"

师：我感觉还是没有放开，重新来一遍，大点声。我来起头。

生：（齐读）"这可是新的尊荣！"它说，"我真是格外的幸运！非常的幸运！"

师：好，这朵玫瑰花在自满和烟雾中变成了绿色。下面这一朵玫瑰花，可以说它的经历更富有戏剧性。我们看文章知道，这朵玫瑰花有一度感觉它自己正在飞向荣耀与辉煌，但是恰恰在这个节点上它的命运急转直下，是不是？我想找一位同学先来读一读这朵玫瑰花前一半的经历。

生8：有一朵含苞未放的玫瑰——可能是玫瑰树上最漂亮的一朵——在园丁扎得很精致的一个花束里占了一个首要的位置。它被送给这家里那个骄傲的年轻主人，跟着他乘坐马车，作为一朵美丽的花儿，坐在别的花儿和绿叶的中间。它参加五光十色的集会：男人和女人打扮得花枝招展，在无数的灯光中光彩照人；音乐奏起来了；灯光把戏院照耀得像白昼一般。在暴风雨般的掌声中，一位有名的年轻舞蹈家翩翩来到舞台上，一束束的鲜花像雨点似的抛向她的脚下。扎着那朵珍珠般美丽玫瑰的花束也落下来了，那朵玫瑰感到说不出的幸运，感到自己正在飞向荣耀与辉煌。

师：好，读得非常流畅。这朵玫瑰花一被园丁摘下来就放在了一束花最中心的位置送给了他年轻的主人。他年轻的主人带着他去参加舞会，然后把他抛向那个舞蹈家。它感觉自己正在飞向荣耀与辉煌。但是，大家看过文章都知道，它有没有到了那个舞蹈家手里？

生（齐）：没有。

师：嗯，没有，我们来齐读一下它的后半段经历。

生：（齐读）一接触到舞台，它就跳呀舞呀，在舞台上滚动着，跌断了茎子。它没有到达崇拜者的手中，而是滚到了幕后。道具员把它捡起来，看到它是那么美丽，那么芬芳，只可惜它没有茎子。他把它放在衣袋里。晚上回到家，他就把它放在小酒杯里，在水里浸了一整夜。大清早，它被放到祖母的面前。年迈体衰的她坐在靠椅里，望着这朵美丽的、残破的玫瑰花，欣赏着它的美丽与芬芳。

师：这朵玫瑰花后来被道具员捡起来送给了他年迈的祖母。一大早，那个年迈的祖母看到这朵盛开的玫瑰花的时候，她说了这样一段话。下面我还想请一位同学来读一读。

生9："是的，你没有走到有钱的、漂亮的小姐桌子旁边去，倒是到了我这个穷老太婆身边来了。不过，你在我身边，就好像是一整棵玫瑰花树呢！你是多么可爱啊！"

师：稍等，我问一下，你觉得这个年迈的祖母她讲话时应该是一个怎样的语速？

生9：慢一点。

师：慢一点？那你慢一点再来读一次好不好？

生9："是的，你没有走到有钱的、漂亮的小姐桌子旁边去，倒是到了我这个穷老太婆身边来了。不过，你在我身边，就好像是一整棵玫瑰花树呢！你是多么可爱啊！"

师：好，请坐。大家想一下，这个祖母看到这朵玫瑰花的时候心情是怎么样的？

生10：她的心情是快乐的，她也回想起了她消逝了很久的青春年华。

师：嗯，这朵花带给了她快乐，让她回想起了自己消逝了很久的青春年华。那你能不能再来读一下？

生10："是的，你没有走到有钱的、漂亮的小姐桌子旁边去，倒是到了我这个穷老太婆身边来了。不过，你在我身边，就好像是一整棵玫瑰花树呢！你是多么可爱啊！"

师：大家说像不像老太婆？有没有刚才那位同学说的语速慢一点？是不是应该这样。(教师范读)

生10："是的，你没有走到有钱的、漂亮的小姐桌子旁边去，倒是到了我这个穷老太婆身边来了。不过，你在我身边，就好像是一整棵玫瑰花树呢！你是多么可爱啊！"

师：嗯，请坐，再想一想，老太婆应该怎样讲话。我们一起来试一下好不好。

生（齐）：“是的，你没有走到有钱的、漂亮的小姐桌子旁边去，倒是到了我这个穷老太婆身边来了。不过，你在我身边，就好像是一整棵玫瑰花树呢！你是多么可爱啊！”

师：继续读下来。

生（齐）：于是她怀着孩子般地快乐凝望着这朵花，当然，她回想起了自己消逝了很久的青春年华。

师：继续！

生（齐）：“窗玻璃上有一个小孔，”风儿说，“我很轻松地钻进去了。我看到了这个老太婆闪着青春光彩的眼睛；我也看到了浸在酒杯里的那朵美丽的、残破的玫瑰花。它是所有花中最幸运的！我知道这！我敢这么说！”

三、探究寓意，个性解读

师：这朵玫瑰花的经历可以说是富有传奇色彩。我们仔细品读了每一朵玫瑰花的经历，现在回到我们刚才的题目“你认为这几朵玫瑰花中谁是最幸运的？”

生11：我认为第四朵花是最幸运的。

师：第四朵，为什么？

生：因为它虽然是一朵有缺点或是与众不同的玫瑰花，但是它非常自信，他一直相信世界上它是最幸运的。

师：嗯，他非常自信，对不对？好，请坐。她认为第四朵是最幸运的，还有没有同学说说看，你认为哪一朵是最幸运的呢？

生12：我认为最后一朵玫瑰花是最幸运的。虽然它的路程是很坎坷，但是它给别人带来了快乐。

师：她说最后一朵给别人带来了快乐，给别人带来快乐就是幸运的，是吗？

生12：他是用自己的历史给别人带来了快乐、幸福。

师：他觉得自己的存在是有价值的，好，请坐。这位同学说第五朵是最幸运的。还有谁来说一说？

生13：我觉得第三朵是最幸运的，他被诗人写进了诗里面，让后人读起这首诗的时候就会记起玫瑰花的美丽和个性，它将在诗里永恒！

师：你的观点很独特，这朵花让后人看到了它的美丽，所以它是最幸运的。还有没有同学来说？

生 14：我觉得每一朵花都是幸运的，如果自己觉得是幸运的话，就不会想着自己有多么倒霉。

师：你觉得每一朵花都是最幸运的？刚才你说如果自己觉得自己是最幸运的，然后就不会觉得自己很倒霉。好，请坐，你这个观点非常具有概括性。他说每一朵都是最幸运的，还有没有同学来说？

师：大家想一想，其实童话好像不仅仅是在写花吧，好像还在写……？

生：人。

师：嗯，是借花喻人。刚才这位同学的发言具有概括性，他说每一朵花都是最幸运的，只要你认为自己是最幸运的。文章中有这样一段话，齐读一下。

生（齐）："花园里玫瑰树上的玫瑰花都有它自己的历史。每朵玫瑰花相信，同时也认为自己是最幸运的，而这种信心也使得它们幸福。"

师：你是怎样理解这句话的呢？你觉得每一朵玫瑰花的幸运来自哪里？

生 15：每一朵花都是幸运的，都为自己的好运而感到高兴。只要你自己认为自己是幸运的，心态好的话，面对任何困难你心中都会感觉很轻松，都会迎刃而解。所以说每一朵花都会让别人幸福，让自己幸福。

师：嗯，你用了一个非常好的词，心态，心态决定一切，心态决定命运。好，请坐。我们可以看到，每一朵花认为自己是最幸运的都是源自它们的心态，源自它们的自信。也就是说自信的人才会幸运，而幸运的人也一定会得到幸福。下面我想请大家结合自己的生活经历说一说你是怎样理解"幸运"的。举一个你生活中的例子。

四、联系实际，体会幸运

师：你是不是一个幸运的人呢？比如说……谁来？

师：回忆一下你生活中的一件事情。

生 16：我记得我以前生病，当时是比较严重的肺炎，我住院了，我爸爸每天都会做好了饭送到医院里。由于医院的住宿条件比较差，在我的病情稳定之后，每次打完针，就会接我回家。那时，我家离医院比较远，我爸每天都是开着车，放下他所有的工作来接我。我就认为我是最幸运的，因为我有父母给我的爱。

师：好，你拥有父母的爱，所以你是最幸运的。还有谁来说一说？

生 17：我感觉幸运的是我生下来是健全的，爸爸妈妈都很爱我。我的家庭很温暖，所以我感觉是最幸运的。

师：你的心态非常好，生下来是健全的，爸爸妈妈都很爱我。我非常欣赏你的这种人生态度。还有谁来说一下？

生18：比如说接力赛，你是最后一棒，但是如果在跑的过程中不小心摔倒了，这个时候你已经站不起来，同学或者朋友会过来扶你一把，一起走到终点。这次比赛虽然失败了，但是你收获了友谊。我认为这是最幸运的。

师：有哲理，比赛失败，收获友谊。好，请坐。

生19：我最幸运的事就是上中学时被分配到这个班，因为我小学所在班级的那些同学品德都不怎么好。我分配到这个班，那时候我参加接力赛时失误，但是没有多少人责怪我，甚至还有人会安慰我。

师：嗯，你们这个班集体一定非常温暖，是不是？

生（齐）：是！

师：你最幸运的是有这样一个温暖的大家庭。我希望你也能为这个温暖的大家庭尽一份自己的力，好，请坐。还有谁来说一说？

生20：我觉得我一生下来，有疼爱我的父母，到了小学，我们班同学之间都非常友爱，到了中学这个班也是很团结的，我觉得我是很幸运的。

师：好，请坐，你经历的每一步都非常幸运。还有没有同学来说一下？

师：现在我提一个问题。难道我们只能像刚开始的时候说的被动地等待幸运女神给我们分配幸运吗？怎么样你才能成为一个幸运的人？我们来齐读一下这三句话。

生（齐）：幸运女神不愿将任何人长久驮在肩上，她很快就会疲倦。幸运喜欢照顾勇敢的人。越努力，越幸运。

师：嗯，越努力，越幸运。下面我们大声地把这句话读出来。

生（齐）：啊！我们都是最幸运的！

师：对，我们都是最幸运的！布置一个作业。请充分发挥你的想象力，以“第六朵玫瑰花”为题，续写《谁是最幸运的》。

师：下课！同学们再见！

生：谢谢老师，老师再见。

附录二 《谁是最幸运的》教学点评

深圳市龙岗区教学研究室 孙春成

2014 年 12 月 10 日上午，在广东省初中语文“童话寓言”教学优秀课例观摩活动中，刘毅老师执教童话《谁是最幸运的》一举夺魁。我有幸现场观摩了他的教学，受益良多。我以为刘老师的课有以下几点值得我们学习：

一是教学目标明确，突出重点，突破难点。我非常赞成刘老师从“工具性”和“人文性”两大板块来把握教学目标，这就抓住了语文的本质。针对文本，他把教学重点放在“品读童话富有个性化的语言描写和细致入微的心理描写”（工具性）上，把教学难点确定为“引导学生树立正确的‘幸运观’”（人文性）上，可谓突出了重点，突破了难点。这都是建立在对文本的深入理解和挖掘的基础上的，观摩课的文本都是从课外选的，没有教学参考书，没有一定内功的人是难以做到的。

二是教学设计板块鲜明，环环相扣，行云流水。朗读是一切语文教学的根基，是认知文本的先导，是语文教学的基本方法和目标，所以刘老师把“品读童话，整体感知”放在第一板块；学习童话关键在于挖掘寓意，所以刘老师把“探究寓意，个性解读”放在第二板块；在理解了寓意，懂得了做人的道理之后，联系实际就很有必要了，所以刘老师把“联系实际，体会幸运”放在第三板块。作业续写童话又和前面的教学形成了“读写结合”模式。整堂课三大板块，即“品读童话，整体感知”“探究寓意，个性解读”“联系实际，体会幸运”，具有内在的逻辑联系，使整堂课气血贯通，浑然一体。

三是学生自主探究，个性解读，贯彻始终。苏霍姆林斯基说，所谓研究性学习，就是让学生进行“独立的脑力劳动”。教学围绕“究竟哪一朵玫瑰花是最幸运的?”这一问题展开探究，充分尊重每一个学生对文本的个性化解读，践行了研究性学习。刘老师坚持“以读代讲，以读代悟，以读代析”，在让学生读透文本的前提下，自我解读，最终达成共识，这种民主的教学态度和作风也是值得提倡的。

四是教学艺术匠心独运，可圈可点。如他借助幸运女神图像的“扣题导入”就先声夺人，既能激发学生的学习兴趣，又紧扣教学主题。如他讲课突然从怀里拿出一束玫瑰花作为道具，并激励学生：“你这次读得像这朵玫瑰花一样漂亮，你就是那朵最大的、怒放的玫瑰花，这朵花赠给你。”可谓别出心裁！如结课时他让学生齐呼：“啊！我们都是最幸运的!”真乃点睛之笔！如作业以“第六朵玫瑰花”为题续写童话，极富创意。

附录三　谁是最幸运的

（丹麦）安徒生

“多么美丽的玫瑰花啊！”太阳光说，“每一朵花苞将会开出来，而且将会是同样的美丽。它们都是我的孩子！我吻它们，使它们获得生命！”

“它们是我的孩子！”露水说，“是我用眼泪把它们抚养大的。”

“我认为我是它们的母亲！”玫瑰篱笆说，“你们只是干爸干妈。你们不过凭自己的能力和好意，在它们取名时送了一点礼物罢了。”

“我美丽的玫瑰孩子！”他们三位齐声说，同时祝福每朵花获得极大的幸运。不过最大的幸运只能一个人有；而且，也必定还有一个人只能得到最小的幸运，这将会是它们中间的哪一个呢？

“这个我倒要了解一下！”风儿说，“我什么地方都去，连最小的隙缝也要钻进去。什么事情的里里外外我都知道。”

每一朵盛开的玫瑰花听到了这话，每一个要开的花苞也听到了这话。

这时，有一个慈爱而悲愁的母亲走到花园里来了，她穿着一身黑色的丧服。她摘下一朵新鲜而饱满的半开玫瑰。在她看来，这似乎是所有玫瑰花中最美丽的一朵。她把这朵花拿到一个清静无声的房间里去。几天以前，她那个年轻快乐的女儿还在这儿蹦蹦跳跳，现在却像一个睡着了的大理石像，僵直地躺在一个黑棺材里。母亲吻了吻这死孩子，又吻了吻这半开的玫瑰花，然后把花儿放在这年轻女孩子的胸膛上，好像这朵花的香气和母亲的吻就可以使得她的心再次跳动起来似的。

这朵玫瑰花似乎正在开放，每一片花瓣都幸福地颤抖着，它想：“人们赋予了多么神圣的爱的使命呀！我好像成了人的孩子，得到了母亲的亲吻和祝福。我将走进未知的国度，在死者的胸膛上做梦！毫无疑问，在所有的姊妹中，我是最幸运的！”

在长着这棵玫瑰树的花园里，一个锄草的老女人走过来了。她也注意到了这棵树的美，久久地凝视着一朵最大的、怒放着的花。再有一次露水，再有一天的温暖，它的花瓣就会落了。老女人看出了这一点，心想，它既然已经完成了美的任务，现在就应该派上点实际的用场了。于是，她就把它摘下来，包在报纸里。她要把它带回家，和一些其他没有叶儿的玫瑰花一起做成“混合花”，再混入一些叫“蓝小孩”的薰衣草，然后用盐防腐保藏起来！只有玫瑰花和国王才有这种待遇哦！①

“我是最荣耀的！”当锄草的女人拿着它的时候，玫瑰花说。“我是最幸运的！我将被保藏起来！”

有两个年轻人到这花园里来，一个是画家，一个是诗人。他们每人摘下了一朵最好看的玫瑰花。

画家把他那朵盛开的玫瑰花画在画布上，弄得那花儿还以为自己正在照着镜子呢。

“这样一来，”画家说，“它就可以活好几代了。而在这期间，将有几百万朵玫瑰花会萎谢，会死掉！”

“我是最得宠的！”这玫瑰花说，“我得到了最大的幸福！”

诗人凝视着他那朵玫瑰，写下了一首颂诗，歌颂他在玫瑰的每个花瓣上所读到的神秘：《爱的画册》，这是一首不朽的诗。

“我跟着这首诗永垂不朽了，”玫瑰花说。“我是最幸运的！”

在这一丛美丽的玫瑰花中，有一朵几乎被别的花埋没了。

很偶然地，也可能算是很幸运的，这朵花有一个缺点——它不能直直地立在它的茎子上，而且它这一边的叶子跟那一边的叶子不相称：在这朵花的正中央长了片畸形的小绿叶。即使在玫瑰花中，这种现象也是免不了会发生的！

“可怜的孩子！”风儿说，同时吻了吻它的脸。

这朵玫瑰以为这是一种祝贺，一种称赞。它产生了一种感觉，觉得自己与众不同，正中心长出的一片绿叶正显示出自己的奇特。一只蝴蝶飞到它上面来，吻了它的叶子。这是一个求婚者；它让他飞走了。后来又来了一只粗暴的大蚱蜢，四平八稳地坐在另一朵玫瑰花上，同时自作多情地把自己的胫骨擦了几下——这是蚱蜢的求爱方式。被他坐着的那朵玫瑰花不懂这意思，可是这朵与众不同的、有一片小绿叶的玫瑰懂了，因为蚱蜢在看它——他的眼色似乎在说：“我可以爱

① 古代的国王，特别是埃及的国王，死后用香膏和防腐剂制成木乃伊保藏下来。

得把你一口气吃掉！”不管怎么热烈的爱情也超不过这种程度，爱得把对方吸收到自己身体里去！可是，这朵玫瑰倒不愿被吸收到这个蚱蜢的身体里去。

夜莺在满天星斗的夜里唱着。

“这是为我而唱的！”那朵有缺点，或者是与众不同的玫瑰花说，“为什么我方方面面都要比我的姊妹们特别一些呢？为什么我竟然具备这个使我最幸运的特点呢？”

两位抽着雪茄烟的绅士走到花园里来。他们谈论着玫瑰花和烟草，据说玫瑰一经烟熏就会失掉光彩，变成绿色，这倒不妨试试。他们不愿意试那些漂亮的玫瑰，要拿这朵有缺点的玫瑰来试试。

“这可是新的尊荣！”它说，“我真是格外的幸运！非常的幸运！”

于是它在自满和烟雾中变成了绿色。

有一朵含苞未放的玫瑰——可能是玫瑰树上最漂亮的一朵——在园丁扎得很精致的一个花束里占了一个首要的位置。它被送给这家里那个骄傲的年轻主人，跟着他乘坐马车，作为一朵美丽的花儿，坐在别的花儿和绿叶的中间。它参加五光十色的集会：男人和女人打扮得花枝招展，在无数的灯光中光彩照人；音乐奏起来了；灯光把戏院照耀得像白昼一般。在暴风雨般的掌声中，一位有名的年轻舞蹈家翩翩来到舞台上，一束束的鲜花像雨点似的抛向她的脚下。扎着那朵珍珠般美丽玫瑰的花束也落下来了，那朵玫瑰感到说不出的幸运，感到自己正在飞向荣耀与辉煌。一接触到舞台，它就跳呀舞呀，在舞台上滚动着，跌断了茎子。它没有到达崇拜者的手中，而是滚到了幕后。道具员把它捡起来，看到它是那么美丽，那么芬芳，只可惜它没有茎子。他把它放在衣袋里。晚上回到家，他就把它放在小酒杯里，在水里浸了一整夜。大清早，它被放到祖母的面前。年迈体衰的她坐在靠椅里，望着这朵美丽的、残破的玫瑰花，欣赏着它的美丽与芬芳。

“是的，你没有走到有钱的、漂亮的小姐桌子旁边去，倒是到了我这个穷老太婆身边来了。不过，你在我身边，就好像是一整棵玫瑰花树呢！你是多么可爱啊！”

于是她怀着孩子般的快乐凝望着这朵花，当然，她回想起了自己消逝了很久的青春年华。

“窗玻璃上有一个小孔，”风儿说，“我很轻松地钻进去了。我看到了这个老太婆闪着青春光彩的眼睛；我也看到了浸在酒杯里的那朵美丽的、残破的玫瑰花。它是所有花中最幸运的！我知道这！我敢这么说！”

花园里玫瑰树上的玫瑰花都有它自己的历史。每朵玫瑰花相信，同时也认为自己是最幸运的，而这种信心也使得它们幸福。不过最后的那朵玫瑰花认为自己是最幸运的。

“我比大家活得最久！我是最后的、唯一的、妈妈最喜爱的孩子!”

“而我就是这些孩子的妈妈!”玫瑰篱笆说。

“我才是它们的妈妈!”太阳光说。

“我才是!”风儿和天气说。

“每个人都有份!”风儿说，“而且每个人将从它们那里得到自己的一份!”于是风儿就使叶子在篱笆上散开，让露水滴着，让太阳照着。“我也要得到我的一份，”风儿说，“我得到了所有玫瑰花的故事，我将把这些故事告诉广大的世界！请告诉我，它们之中谁是最幸运的？是的，你们快说呀！我已经说够了!”

（写于1868年）

（选自《安徒生童话全集（下）》，叶君健译，清华大学出版社1999年版。文字有改动）

附录四　艺术活动的写真，科学思辨的结晶

——评孙春成《语文教学十大创新课型》

深圳市教育科学研究院　潘希武

在深圳市2016年中小学“好课程”评选中，龙岗区教育局教学研究室孙春成老师的《语文教学十大创新课型》脱颖而出，一举上榜。近日，山西教育出版社已将这一成果正式出版。细读本书，一股清新的学术气息扑面而来。笔者认为本书主要有三大特点：

一是“新”。就是理论具有创新性。苏联教育科学院院士马赫穆托夫认为：“课的结构是作为一种有益的组织知识，作为一种指示和标准理论而被人们理解和运用的。”树立教学结构和程序意识，注重课的“组织知识”和“标准理论”的研究，对于克服教学的随意性、优化课堂教学结构与过程举足轻重。孙老师根据语文教学各类文体创建了十大课型，有利于实现各类文体教学结构与程序的最优化，有利于提高广大语文教师的课堂教学水平与质量，可谓是科学思辨的结晶。本书自成一派，形成了完整的语文教学课型策略体系，这在我国尚属首创。

二是“实”。就是理论很实在，对教师很实用。怎样根据语文教学内容来创建适合各种文体的教学课型？这是个理论性与实践性都很强的重大课题。如散文、小说、文言文、古典诗词、寓言童话、名著导读、作文、说明文、议论文等，究竟怎样教学才会高效？这一系列问题是最现实、最迫切需要解决的教学难题。本书所创建的十个课型，正是孙春成老师多年语文教学课型理论研究和实践探索的结晶，创造性地解决了这些问题。本书揭示了各类文体语文教学的规律，有利于广大语文教师好备课、备好课和课上好、上好课，很接地气，非常实在。尤其是书中的典型课例，堪称艺术活动的写真，在语文课型理论和实践之间架起了一座桥梁，操作性很强，十分难能可贵。

三是“活”。就是教学方法灵活多样。纵观书中的每一课例，有如下共性：一是“教学目标”定位二维化，兼具工具性与人文性，确保了语文学科的实践意义。二是“教学内容”安排量力而行，一课一得，40分钟干40分钟的活。三

是“教材处理”突出重点，突破难点，体现亮点。四是“教学设计”追求创新，突出主旨；环节清楚，环节之间具备科学合理的逻辑联系。五是“教学方法”注重启发、点拨、引导、发散学生思维，更重视朗读，以读代讲，以读促析，以读悟情。六是“教学语言”除了准确、简明、风趣、有激情以外，更注重鼓励性。七是“教学提问”要有探讨价值，让学生“跳起来能摘到果子”。八是“教学结构”读写结合，浑然一体。九是“教学板书”简明扼要，符合纲要信号原则。十是“教学过程”师生互动和谐有效，能激发学生学习兴趣，启发学生独立思考。

2017 年 3 月 29 日

（本文发表在《中学语文教学》2017 年第 6 期。潘希武，深圳市教育科学研究院副院长、博士、教授。）

附录五　刍议孙春成语文教学课型的创新性

深圳市龙岗区平湖中学　刘　毅

何为创新性？即创造性，指能别出心裁地做出前人未曾做过的事，而且创造的结果具有实用价值或学术价值。2017 年 3 月，由山西教育出版社出版的孙春成老师的新著《语文教学十大创新课型》就非常具有创新价值。怎样根据语文教学内容来创建适合各种文体的教学课型？如散文、小说、文言文、古典诗词、寓言童话、名著导读、作文、说明文、议论文等，究竟怎样教学才会高效？孙春成老师经过多年语文教学课型理论研究和实践探索，创造性地解决了这些问题。孙春成老师根据语文教学各类文体所创建的十大课型，旨在追求各类文体教学结构与程序的最优化，填补了我国语文教学以各类文体为基点构建课型的学术空白。全国著名教育改革家魏书生老师对本书给予高度评价："举前贤之未及，启后学于成规。"

一、不同课型的创新性

课型是指课堂教学具有操作性的教学结构和程序。"每种课型都有其适应性和局限性。因为不同的课型所完成的教学目标、使用的操作程序不同，评价的标准和方法也不尽相同。正如苏联教育家尤·克·巴班斯基所说：'每一种教学方法，从本质上看，都是辩证的。也就是说，每一种方法都有自己的优点和不足之处，都能有效地完成某些任务，而不能有效地完成其他任务；都有助于达到某些目的，而不利于达到其他目的。'"（引自《语文教学十大创新课型》序）正因如此，每一种课型就应该具有独特而鲜明的个性色彩。

孙春成老师的《语文教学十大创新课型》里的每一种课型，都是黑格尔说的"这一个"，都具有独特而鲜明的个性，而且都有效地完成了特定的任务，达到了特定的教学目的。举几个例子来说明吧。

"现代文阅读教学三板块课型"的三个板块是"读、探、写"。"读"是基础，以读悟情，以读明理，以读代讲。"探"是核心，以探促思，以探破的，以生为本。“写”是关键，以写促读，读写结合，能力迁移。

“议论文逐层剖析法课型”的结构和程序是：逐层探究分论点→整体把握总论点→全面理清论证思路→读写结合，即把课文以分论点为单位，切割成若干板块，逐层剖析探究，最终达成共识，此为逐层剖析教学法。其特点是，层次清晰，板块鲜明，由分到总，环环相扣，系统性强。

“说明文三学课型”，顾名思义，就是指教学说明文要从三个方面入手，即“学说明语言，学说明方法，学说明顺序”。“学说明语言”，要注重把握作者善于观察、抓住说明对象的特点，采用准确、严密、平实的语言的说明方式。“学说明方法”，要注重训练迁移，学以致用。

“文言文四步骤教学课型”的结构和程序是：讲解翻译→品读感悟→问题探究→背诵默写。讲解翻译，主要体现一个“讲”字，具体讲解清楚以下几点：重点实词，重点虚词，关键句式，所涉典故，最终达到学生能顺畅地直译和意译全文之效果。品读感悟，主要体现一个“读”字，让学生反复品读课文，深刻理解与感悟课文所表达的思想和情感。问题探究，主要体现一个“探”字，引导、启发、组织学生探究课文的重点与难点，教师解惑释疑。背诵默写，主要体现一个“默”字，让学生能够背诵默写全文。其特点是，重在“知识落实”，关键要落实“翻译”和“默写”。

“古典诗词四环节教学课型”集讲、读、品、背默为一体，符合古典诗词的学习认知规律，且注重在讲的基础上理解诗意，在读的过程中感悟诗情，在品的过程中升华主旨，在背诵默写中注重落实，逻辑有序。

“长文短教主旨段落教学课型”是指围绕本课之“教学主旨”，选出文本中最能体现教学主旨的句子或段落，用蒙太奇的手法重新编排整合成一个完整的有意义的教学链条，师生共同品读、赏析和探究。其结构和程序是：导入→段落教学→读写结合→结课。一般适宜课文篇幅较长的教学内容，如小说。

“童话寓言三析法课型”是指教学童话寓言类课文时应该把握的三个环节，即“故事简析，语言赏析，寓意解析”。“三析法”哪个环节最重要？寓意解析最重要。阅读童话和寓言，要注意领会故事所蕴含的道理。

“名著导读课型”教学设计要诀：名著导读，贵在导读，导出兴趣，读出情感。鸿篇巨制，选材为要，突出主旨，选出精彩，切口要小，窥斑见豹。兴趣是最好的老师，名著导读教学的关键要落脚到培养学生的阅读兴趣上。“蒙太奇”是名著导读教学设计的基本方法。

创新性思维是指打破固有的思维模式，从新的角度、新的方式去思考，得出不一样的并且具有创造性结论的思维模式。毫无疑问，孙春成老师的《语文教学十大创新课型》里的每一种课型，都是创新性思维的结晶。

二、同一课型的创新性

同一课型的创新性指的是什么？是对同一课型的继承和发展，是求课型而不求课型化。孙春成老师是一个追求完美的人，他追求课堂教学常讲常新堂堂新，所以，他创建课型从不墨守成规，而是不断地由肯定到否定，甚至由否定又到肯定。这正证明了他是一个不断追求创新、追求完美的优秀教师。就拿《语文教学十大创新课型》里的课型来说，可以说都是“成规”了，是否教学就永远必须按照这些固定模式来进行呢？答案显然是否定的。我在整理编撰《语文教学艺术的精彩演绎——孙春成语文课型理论写真与欣赏》一书时，有幸掌握了很多孙春成老师课例的第一手资料，在整理编撰这本书稿时，我不得不为孙春成老师的创新精神所感动。即使是同一课型，孙老师每次上课都是有所变化、有所发展的；同样一节课，你每次听，都会有改进，有发展，有创新！可谓追求无极限，创造无极限！现在很多年轻人习惯吃“现成”，在网上照抄别人的教学设计，懒于下功夫认真备课、挖掘教材，这是非常危险的。孙春成老师无疑给我们树立了很好的榜样！

孙春成老师所构建的所有课型，其实就是教学模式，但孙老师构建教学模式却不把它们模式化。孙老师反对墨守成规，拒绝教学模式化。他认为，教学应该有模式，但如果模式化就是教条主义，是万万不可取的。所以，孙老师对自己的教学课型，从来都是抱着批判的态度来使用的，在教学实践中不断地改进和发展这些课型。

比如，孙老师的“文言文四步骤教学课型”第一步骤是“讲解翻译”，具体讲解清楚以下几点：重点实词，重点虚词，关键句式，所涉典故，最终达到学生能顺畅地直译和意译全文之效果。我以前听孙老师教文言文，第一步骤都是他自己讲解文本，而且他还说过：“讲授法是语文教学的重要教学方法之一，不能因为搞课改，就全盘否定以往的教学，把好东西都丢掉，正如泼洗澡水把孩子也泼掉一样，这是很幼稚和肤浅的。”但是，孙老师讲《爱莲说》却一改常态，完全变老师被动的讲为学生的自主翻译，这里明显有了重大改进和发展。我们要为这个改进喝彩！孙老师说：“这篇文章很简短也很浅显，现在请大家结合课下注释和老师补充的注释迅速将这篇文章翻译在练习本上。”这里，除了课下注释，孙老师还给学生提供了一定的“补充的注释”，这就是一个创新。学生自主翻译完后，孙老师又展示自己的“参考译文”，告诉学生：“下一个环节，结合原文，对照屏幕上的参考译文，修改自己的翻译。”至此，老师依然不讲，依然是让学生自主学习，对照译文，自主修正，这又是一个创新。紧接着又让学生填空，系统梳理本课的文言文知识，这还是一个创新。孙老师教学《爱莲说》在第一步骤的三个创新，价值就在于“以学生为主体，教师为主导”，这样，学生的自主学习能力提高了，还有利于知识的落实，因为听老师讲解不如自己自行学习得来的知识扎实。

再比如，孙春成老师教学《一棵小桃树》，他大胆处理教材，重新塑造课型的能力和水平令人叹服。这是一篇“自读课文”，所以，孙老师并没有教读学生，没有运用复杂的教学方法，也没有严格按照“现代文阅读教学三板块课型”“读、探、写”的三个板块进行教学，而是通过导入转入正课后，整堂课就让学生自主探究两个问题，即“你认为这是一棵怎样的小桃树，你喜欢它吗？喜欢它哪里呢？”和“你认为这棵小桃树和作者有着怎样特殊的情感联系呢？”这样大刀阔斧地处理教材，一方面突出了教学重点，另一方面重新塑造了课型，真是艺高人胆大！而且，孙老师设计的这两个问题都是直指文本的灵魂，第一个问题：“你认为这是一棵怎样的小桃树，你喜欢它吗？喜欢它哪里呢？”其实就是要学生认识小桃树身上的可贵品质，让学生学习小桃树的顽强精神，这分明突出了语文教学的人文性和教育性，达到了教书育人之效。第二个问题：“你认为这棵小桃树和作者有着怎样特殊的情感联系呢？”其实就是要一课一得，让学生通过讨论，懂得什么是“借物喻人”。所以，虽然是自读课文，但也让学生在“工具性”和“人文性”方面都有收获。

总而言之，语文教学是一种艺术再创造，教学创新无时不在、无处不存，创新才是硬道理！

附录六　语文教学要以人为本！

——听孙春成老师教学《骆驼祥子》有感

深圳市龙岗区平湖中学　刘　毅

由陕西师范大学基础教育研究院和《中学语文教学参考》编辑部主办的“全国初中语文名家精品课堂教学展示活动”于2017年5月28日在深圳市龙岗区实验学校落下了帷幕。这次活动，来自全国的8位初中语文教学名家同台献课。我有幸领略了大师们的风采，对孙春成老师的名著导读《骆驼祥子》一课情有独钟，回味无穷，感觉这堂课精彩至极，给人许多启发，我们可以学习借鉴的优点很多。令人印象最深刻的，莫过于孙春成老师运用娴熟的教学艺术给我们精彩演绎了“以人文本”的教学理念。教学要以人为本，“关键在于执教者须牢固树立教书育人的意识，并切实身体力行，摆脱功利主义的裹挟，回归教育的本源”。(于漪语)

一、文本解读以人为本

祥子的新车被宪兵抢走后，“祥子落了泪！他不但恨那些兵，而且恨世上的一切了。‘凭什么把人欺侮到这个地步呢？凭什么？凭什么？’他喊了出来。”孙春成老师让学生朗读并感悟祥子爱车遭抢的心情，学生读得缺乏感情。他这样指导学生——

师：祥子辛苦三年，攒钱买车，不料竟被宪兵抢走，真是天有不测风云，人有旦夕祸福！祥子此时此刻的心情怎样？

生（齐）：很愤怒！

师：然后呢？愤怒能解决问题吗？愤怒能改变现实吗？

生（齐）：不能！

师：那祥子愤怒之后又会怎么样？

生（齐）：（苦思冥想，感到茫然）

师：祥子由愤怒转化成无奈，由无奈转化成什么？

生（齐）：（茫然）

师：由无奈转化成痛苦呀！

师：由痛苦转化成什么呢？

生（齐）：（还是茫然）

师：由痛苦转化成绝望嘛！

师：由绝望转化成什么呢？

生（齐）：仇恨！

师：对！祥子由绝望转化成仇恨！——他“恨世上的一切了”！

师：要读出祥子如此这般复杂的心情，尤其是要读出他的仇恨，该怎么读？谁来读读？

生1：（有感情地朗读）

（全班鼓掌）

师：已经读得很不错了，全班掌声就说明了这一点。不过，情感还是不够饱满，谁来挑战一下他，比他读得更好？

生（齐）：（无人应战）

师：那老师给大家范读一下。我用两种读法：第一种是深沉法。

（孙老师带着哭腔，声音低沉沙哑，语速缓慢，咬狠“欺侮”两字，最后绝望地瘫倒在地上）

（全场掌声雷动）

师：第二种是激情法。

（孙老师带着哭腔，声音高亢沙哑，语速较快，后一句“凭什么？”读得调子比第一句更高，咬狠“欺侮”两字，冲着台下千名听会者声嘶力竭地高喊：“凭什么把人欺侮到这个地步呢？凭什么？凭什么？”最后绝望地呼天抢地地面对黑板捶胸顿足捶打墙壁！

两种读法，相映成趣，殊途同归，直指作品人物祥子的灵魂，直指学生的灵魂，直指听会老师的灵魂。课文解读可谓以人为本之经典范例。

二、教学点评以人为本

现场听课的老师无不为孙春成老师驾驭课堂、灵活机智、随机应变的能力所折服，尤其是他对学生回答问题的点评，充满着智慧和人文关怀，闪耀着人性的光辉！

（1）点评教育学生诚实求真

师：每位同学坐得都很端正啊。你们觉得这么坐着上课，费不费劲啊？

生（齐）：不费劲！

师：真的不费劲吗？

生（齐）：不费劲……

师：都在说假话。我希望每个同学都做个诚实的人。大家看看下面那么多听课的老师坐得多自然。像你们这样一直正襟危坐是很累的嘛。放松！放松！我们的教育就是“千教万教教人求真，千学万学学做真人”。

（2）点评教育学生礼貌待人

师：小说的功能是什么？

生1：小说通过故事来说明一个道理。

师：你讲了两个关键词，一个是故事，一个是道理！你很聪明，请坐。

生1：谢谢老师！

师：刚才这位同学很有礼貌，老师表扬她，她说“谢谢老师”。小说就是讲故事的嘛！

（3）点评教育学生懂得感谢

师：你觉得这一段要读出祥子雨中拉车的不容易，语速是快还是慢？

生10：应该是比较缓慢的。语速放慢的话，可以更加凸显出一些细节。有些地方应该快一些。

师：哪些地方要快？

生10：比如“不能抬头，不能睁眼，不能呼吸，不能迈步”。

师：你好聪明啊！下面听老师来读一遍。

（教师范读文段，获得掌声一片）

师：你刚才分析得很好，老师根据你的指导，有的地方读得快，有的地方读得慢，才获得了掌声。老师感谢你！请坐。

（4）点评鼓励学生自信创造

师：你从哪里看出祥子非常开心啊？

生17：“在漆板上试着照照自己的脸！越看越可爱。”

师：你看他几乎要哭出来，他为什么要哭呢？

生17：激动的。

师：对，幸福的哭，喜悦的哭。拉到个僻静地方，细细端详自己的车，在漆板上试着照照自己的脸！越看越可爱。你给大家示范一下怎么样？用体态语言传达一下这种心情，表现得形象一点、活泼一点。

生 17：（表演祥子看车，一边表演一边自言自语）天哪，太可爱了，我怎么会有这么好的车啊！……

师：你都激动得都说不出话来了，是吧？你不仅有动作，还有创造性的发挥，加上了语言描写："天哪，太可爱了，我怎么会有这么好的车啊！"太棒了！你将是未来的奥斯卡影星！

（5）点评教育学生富有同情心

生 25：我很同情他，因为我曾经有和他一样的感受。

师：你也有同样的感受啊，你也拉过车？

生 25：我不是拉车，是一次玩游戏，在游戏里有差不多的遭遇。

师：你的遭遇怎么能和祥子相比啊？那车是祥子的命啊！视游戏为自己的生命，我觉得你还是应该克制一下，好不好？但是老师也要表扬你，你谈到了很同情祥子，你是一个富有同情心的孩子，老师欣赏你！

总之，无论是文本解读，还是教学点评，孙春成老师总能做到目中有人（学生），有的（学生）放矢，以人为本。

附录七　马哈维亚与我的师父孙春成

——印度电影《摔跤吧！爸爸》观感

深圳市龙岗区平湖中学　刘　毅

近日，国内各大影院正在热播印度电影《摔跤吧！爸爸》，我也看了这部影片。看完这部片子，我第一个想到的就是我的师父孙春成老师。他和片中的男主角马哈维亚有太多相似的地方了。

首先，是近乎固执的对梦想的追求。

马哈维亚梦想着为国家夺得一块摔跤金牌，为了实现这个梦想，他不顾家人的反对，不顾世人的冷眼，以超人的毅力坚持把自己的两个女儿训练成摔跤手并最终获得世界冠军。了解孙老师的人都知道，他当年在逐梦的路上也遭遇过无数的挫折与打击。为了实现自己的立体教学梦，他也曾遭遇不解，遭遇嘲讽，遭遇冷眼，遭遇打击，遭遇曲折，遭遇坎坷，也曾失望，也曾彷徨。刚就教席，搞立体教学研究，校领导多次找他谈话，让他“要把业和余分开”。论文获了奖，老教师嫉妒他骂他：“你那就不是理论！你说的《教育学》里都有！”甚至有人骂他神经质。记得听师父讲过一个故事，2003 年他给华南师范大学的学生做了一场学术讲演，结束后有个学生当众问他：“假如领导不支持你搞教改，甚至还给你小鞋穿，你将如何面对?”他不假思索，斩钉截铁地回答：“走自己的路!”走自己的路需要勇气，更需要毅力。京剧行当里有句话叫“不疯魔不成活”，说的是一种职业精神，是一种境界，一种极痴迷的境界，无论对戏还是对事物都具有一种深深的迷恋。这种迷恋让人深陷其中，如痴如醉，忘我地全身心付出。非到走火入魔之道，不能有大成就，说的大概就是马哈维亚与孙老师这类人吧。

其次，是无冕之王。

《摔跤吧！爸爸》这部影片里唯一一个遭人厌弃的角色应该就是那个所谓的印度国家队的教练了吧。这位集自私、无知、自大、狭隘、猜忌于一身的“专家”“教授”，差点葬送了吉塔的夺冠梦，却依然头顶光环，在镁光灯下鬼话连篇地忽悠着一拨又一拨记者，继而误导着一批又一批优秀的摔跤手苗子。而真正内行的摔跤教练马哈维亚却一直默默无闻地在训练着自己的两个女儿兼徒弟，进而影响了一批又一批的女孩，使她们热爱这项运动并积极投身这项运动。这很容易让人联想到我们语文教育界的现状。同样是每天都会有很多“特级”“教授”在大大小小的集会上不厌其烦、连篇累牍地鼓吹着所谓高深的教育理论，传授着某种神秘的教学方法。在把自己封神的同时，误导甚至是扼杀了一代又一代怀揣梦想的语文人。前段时间，在深圳举行的全国初中语文名家精品课堂展示活动中，一个临时“救场”的替补的非特级教师孙春成踏踏实实上了一节实实在在的语文精品课，博得满堂彩，得到全国各地与会教师的共鸣与好评。《中学语文教学参考》的执行主编张矛老师说：“这是我第一次听孙老师的课，也是我从事语文教育工作几十年来听到的最好的一堂语文课。”桃李不言，下自成蹊。真正的强者从来不需要招摇，也不需要呐喊。孙春成老师近几年坚持“示范教研”，坚持为一线教师上示范课，坚持送课下校。在他的“立体教学”理论指导下，练就了一身武艺，课课新颖，堂堂精彩，人所共知。自从他 2008 年任龙岗区初中语文教研员以来，培养青年教师在市级以上课堂教学大赛中获得一等奖以上荣誉就达 39 项，其中指导刘洋、赵查和我三位青年教师于 2010、2012、2014 年蝉联三届深圳市和广东省初中语文课堂教学大赛双料冠军，并指导这三位教师在全国教学基本功大赛中分获一、二等奖。还培养了特级教师尹庆华与邓蝴梅（正高级教师），培养了区级 40 名教坛新秀，11 名骨干教师，5 名名师工作室主持人。没有显赫身份的马哈维亚教出了世界冠军；不是特级的孙老师创立了“立体教学”，著作等身，桃李满天下。他们才是真正的“无冕之王”。

再次，是严师。

从“教练”和“师父”的角度来讲，马哈维亚与孙春成老师的共同点就是“要求严格”。无论是从父亲的角度还是从教练的角度来看马哈维亚，他的做法都是近乎残酷的。无休止的训练，剪掉女儿的长发，逼她们喝牛奶吃鸡肉，禁止参加任何娱乐活动。作为师父的孙老师对我们的要求也是严苛的，涉及语文教学专业的东西，从来不会有半点马虎。常常会为了教学中的一个细节，反复思考，反复研讨，反复尝试；也常常会因为我们教学上的某个不足而大发雷霆。马哈维亚把吉塔重重摔在地上的镜头，让我立刻想起自己参加广东省课堂教学比赛的那个下午。那天下午比赛，上午最后一节试讲结束，孙老师拍着桌子训了我近 15 分钟。那样训练自己的女儿，不残酷吗？大赛前，对参赛选手不是应该多鼓励吗？在外界看来，的确非常残酷，而且不合情理。但只有父亲才最懂自己的孩子，只有自己的师父才最懂自己的徒弟。他们懂得因材施教，他们懂得自己的孩子什么时候该用什么样的方法来教导才能达到最好的效果。同时也只有亲身经历过的孩子才懂得父亲、师父的苦心。那是爱之深责之切，那是恨铁不成钢，那不是责备，那是满满的爱和期望。也只有经历过的孩子才懂得冰冷的面孔与残酷的训练背后那句一直不曾说出的话："孩子，你一直都是我的骄傲。"

朋友，如果在你的人生道路上，有幸遇到了一位很好的师父，请你看看印度电影《摔跤吧！爸爸》，你一定会收获一份感动！

后记　教海无涯苦作舟

孙春成老师是全国语文课堂“立体教学”的创立者，已出版相关学术专著18本，代表作有《语文课堂立体教学课型》《语文教学十大创新课型》《语文课堂教学艺术漫谈》等，多次在全国语文教学展示活动中获一等奖，并指导多名青年教师在全国教学比赛中荣获大奖。孙老师现任深圳市继续教育“立体教学”课程主讲人，运城幼儿师范专科学校、运城学院和忻州师范学院兼职教授，陕西师范大学和深圳大学硕士生导师，深圳市龙岗区教育局教学研究室初中语文教研员。他就是我的师父，是我在语文教学上的引路人。

至今我依然记忆犹新，孙春成老师2008年接任深圳市龙岗区教育局教研室初中语文教研员时，第一次召开全区全体初中语文教师大会，在大会上给我们展示了两样东西：一捆是他大学毕业初就教席所记的30本教育教学笔记，合计达两千余万字；一捆是他撰写出版的16本关于语文课堂“立体教学”的专著。这让听会的老师无不感到震撼！我立即被孙春成老师折服了，暗下决心，要拜孙老师为师，做一个有所作为、有所成就的语文老师。

后来才发现，孙老师不只是理论上有一套，还经常身先士卒，给老师们上示范课，而且课上得有板有眼，十分精彩，令人拍案叫绝。其实，孙老师以前也没教过初中语文课，初中语文教材他也不熟，但是，孙老师只要听一次你的课，就等于备课了，可以直接在下一节给我们上示范课了，而且课上得举重若轻，驾轻就熟，行云流水，令人心悦诚服。能做到这种程度，无不令每一位语文老师佩服和感动！我又想，如果真能成为孙老师的徒弟，那该多好啊！

时光如梭，一晃孙老师给我们当教研员已经5个年头了，拜孙老师为师我还是缺乏勇气。我曾经精心准备了一节语文课，主动邀请孙春成老师来我校给予指导，希望能给孙老师留个好印象。谁知，孙老师听了我的拜师课以后，他的评课令我大失所望，甚至心灰意冷。孙老师说我的课像东北乱炖，没个章法，没有重点，而且批评我态度不够端正，有点老油条的感觉。孙老师的评课，给我当头棒喝，警醒了我！我深知自己的教学存在先天不足，必须奋起直追。为了虚心向孙老师学习，力争学到真经，我紧跟孙老师的步伐，一刻也不敢懈怠。一开始，孙老师到哪里讲课，我就跟到哪里听他的课，并详细做笔记。后来，我发现光做听课笔记还不行，因为孙老师的课需要不断地反复研究，才能解开其中的奥妙。于是，我就提着摄像机，孙老师到哪里讲课，我就跟到哪里摄录，回去再反刍、再研究、再琢磨、再学习、再慢慢地感悟。天长日久，日积月累，我掌握了孙老师的很多第一手教学资料，同时，也从中获益良多。这也就是这本书诞生的一个基础和简单的过程吧！

庆幸的是，2013年11月，在扬州我们和孙老师一同参加全国中学语文第四届“圣陶杯”中青年教师教学观摩活动，午饭时，孙老师居然同意收我为徒。后来，也许是师父见我诚心可嘉，就把他曾经读过的一些古今中外的教育教学名著都赠送给了我，并谆谆告诫我说，要想有所成就，必须站在巨人的肩膀上，要先学习先哲的教育教学智慧，然后再谈创新，没有继承就不可能有发展有创新。师父还说，没有深厚的教育教学理论功底，就没有敏锐深刻的理论思维，就永远做不了大学问，甚至连别人的成果都吃不透。

在做人上，师父对我的要求十分严格，甚至可以说比对自己孩子的要求都严格。在和师父的交往过程中，我听他说的最多的两句话就是：“先做人再教书！”“你的课一定要有型！”这两句话几乎成了孙春成老师的口头禅。孙老师告诉我，教师是全世界最高尚的职业，做老师要为人师表，所谓“教书育人”应该是“育人教书”，育人是目的、是关键、是核心，“育人”在先，“教书”在后，尤其是语文老师，因为语文本身就是教学生做人的一门课程。语文课本里收录的课文，都是古今中外的经典之作，教语文就等于每天在和这些文学家、思想家在交朋友在聊天在接受教育、熏陶和洗礼，所以，做一个语文老师应该感到很幸福，应该享受这个职业。至于上课，一堂课就像一篇优美的文章，课一定要有一个整体的系统的设计，一定要有灵魂。语文课堂教学是艺术，要给人一种美的熏陶和享受。同时，语文课堂教学又是科学，要有章法，讲不同的文体都要有其课型，不能信马由缰。

师父所说的“你的课一定要有型”，这里的“型”就是他这10余年来带领我们研究的每一种文体的课型，也就是山西教育出版社出版的他的专著《语文教学十大创新课型》，书中对每一课型都从概念、结构和程序、使用的教学方法、适应的教学内容及特点诸方面做了简明扼要的阐释，并配一典型课例加以具体介绍，理论与实践有机结合、相辅相成，符合语文课堂教学规律与新课标精神，操作性强，有利于教师优化语文课堂教学结构，提高语文课堂教学效率。只是《语文教学十大创新课型》的“典型课例”比较少，对于别的老师理解师父的每一种课型课例比较单一，如果能够增加一些课例，岂不更加有利于一线教师理解师父的“课型”学说，也更加有利于对老师“课型”的学习掌握与运用？我跟随孙老师学习多年，深知孙老师的语文课堂教学的艺术性和科学性是实实在在的学问，实实在在的经验，具有可操作性，值得广大一线语文教师学习和借鉴！我敢说，凡是看了孙老师《语文教学十大创新课型》一书者，就没有不为这本书的精彩而叫好的！就没有不为这本书的创新而折服的！就没有不为这本书的实用而珍藏的！基于这样的思考，我便把我近几年跟随孙老师学习的课例整理成书，付梓出版，以飨读者，希望广大语文教师不吝赐教。

特别需要强调的是，本书除收录了《语文教学十大创新课型》里的10种课型的教例之外，还增加了孙老师的另外两大课型，即“指导学生互相评改作文课型”和“专题性复习课型”，共15个课例。尤其是“指导学生互相评改作文课型”必须加入本书，因为它对我们龙岗区初中语文作文教学的影响实在是太大了。2008年，孙老师接任龙岗区初中语文教研员之后，他率先在全区上“指导学生互相评改作文”示范课，并作专题报告，面向全区推广他几乎是多年前的指导学生互相评改作文经验（1989年第3期《语文教学论坛》发表孙春成获得全国一等奖的论文《指导学生批改作文的理论与实践》），因为这些经验与新课标精神不谋而合。《义务教育语文课程标准》明确指出：“养成修改自己作文的习惯……能与他人交流写作心得，互相评改作文，以分享感受，沟通见解。”其目的就是还作文批改权于学生，将语文老师从繁重的作文批改中解放出来，可谓胆识过人，魄力非凡！效果很好。

本书在成书的过程中，孙老师不仅给我提供了宝贵的第一手资料，如教学设计、教学课件等，而且还对本书提出了许多合理的意见或建议，甚至对书稿进行了审校、修改与润色。在此，我要特别感谢孙春成老师给予我真诚的无私的大力支持与帮助！正是孙老师如此多的精彩课例，才给我和大家提供了如此好的学习机会！

我更要特别感谢孙春成老师对我的精心培养和无私帮助！2014 年，我先后代表龙岗区参加深圳市和广东省初中语文“童话寓言”教学大赛，一举夺得双料冠军；2016 年，我代表广东省参加全国第三届初中语文教师教学基本功比赛获得二等奖。一路走来，每一步都离不开孙老师的陪伴、指导和帮助！一路走来，我收获了许多经验、成长和自信！一路走来，孙老师让我感动的故事有许多许多！最难忘的还是参加广东省的教学比赛，那的确是一场硬仗！

赛前准备特别煎熬人，也特别考验人。广东省的“童话寓言”教学比赛，是在比赛前一周给参赛教师提供课外的 5 篇童话寓言，然后到比赛的前一天抽签，在这 5 篇童话寓言里，你抽到哪一篇，比赛时就讲哪一篇，赛制非常严格。也就是说，如果想在省里比赛取得优异的成绩，必须在一周之内对大赛组委提供的 5 篇童话寓言全部有一个精心的准备。童话寓言教学，平时都不够重视，究竟如何教学才高效？如何教学才出彩？谁心里都没底。孙老师安排我一天一篇，晚上备课，次日试教。每天，孙老师早早就到我们学校来，第一件事就是看我的课件，看我的教学设计，然后又拿出他的教学课件和教学设计，与我共同磨课。课磨好了，我就试讲，试讲完了，接受孙老师的具体指导；然后再观摩孙老师亲自给我上的示范课；然后我再试讲。如此这般，折腾了几天，觉也睡不好，饭也吃不香。到最后那天，我站在讲台上都打哈欠。我一个三十出头的年轻人都吃不消，更何况孙老师已是年近六旬的老人了。可是，孙老师的确没显出丝毫的疲惫，反而是精神矍铄、兴致盎然地和我磨课。支撑他的无非就是一份责任心和事业心！他告诉我，什么是“凤凰涅槃，浴火重生”？传说中，凤凰是人世间幸福的使者，每五百年，它就要背负着积累于人世间的所有痛苦和恩怨情仇，投身于熊熊烈火中自焚，以生命和美丽的终结换取人世的祥和与幸福。同样，在肉体经受了巨大的痛苦和轮回后，它们才能得以重生。垂死的凤凰投入火中，浴火重生，其羽更丰，其音更清，其神更髓，成为美丽辉煌永生的火凤凰。此典故寓意不畏痛苦、义无反顾、不断追求、提升自我的执着精神。任何人，在成功的道路上，都没有捷径可走。要想比别人优秀，就得比别人付出更多。付出越多，收获越多，成长越快，这就叫越努力，越幸运！

2014 年 12 月 7 日，到珠海了，我抽的签是最后一天早上第二节课，属上上签。即比赛是 8—10 日，我是 10 日参赛。也就是说我在比赛前还有两天的备课时间。比赛已迫在眉睫，孙老师当然不会放过这样的好机会，他托人给我联系了两所学校，让我每天试教一次，并给予点评指导。他说，课不怕多上，多上一次就熟悉一次，就进步一次；语文课要常讲常新堂堂新，这是永无止境的！从来没有绝对的尽善尽美的语文课，只有对尽善尽美的语文课的绝对努力！用一句广告语说就是：没有最好，只有更好！我抽的课是安徒生的童话《谁是最幸运的》，讲五朵玫瑰花都经历了不同的人生，但都认为自己是最幸运的那一朵。告诉我们一个道理："每朵玫瑰花相信，同时也认为自己是最幸运的，而这种信心也使得它们幸福。"

比赛当天一大早，我还没起床，孙老师就敲我房门了。孙老师捧着一朵鲜艳的玫瑰花，告诉我："你讲课时，把这朵花藏在你西服左边的口袋里。讲课中间，如果哪位女同学朗读得好，你就突然拿出这朵花赠送给她，并表扬她'你朗读得就像这朵玫瑰花一样漂亮！老师将这朵幸运的玫瑰花赠送给你！'"原来，孙老师一晚上都没合眼，一直在琢磨这堂课如何能讲得富有新意，如何能讲出最佳的效果。他早早起床，去早市专程买了这朵玫瑰花！孙老师敬业爱岗的精神、追求完美的精神、爱徒如子的精神，令人动容！可以说，我在语文课堂教学上的每一步成长，都是孙老师手把手亲自教给我的。

无独有偶。我在参加广东省"童话寓言"教学比赛中讲的是安徒生的童话《谁是最幸运的》，课后我布置作业，请以"第六朵玫瑰花"为题续写童话。现在我感觉我就是那朵最幸运的"第六朵玫瑰花"！只是我并非童话里的主人公，而是真实的那一个最最幸运的人！幸福之感油然而生！感恩之情油然而生！

人常说：一日为师，终身为父。孙老师，好师父，我绝不会辜负您的期望，一定会加倍努力，在语文教学上取得更丰硕的成果来报答您的培育之恩！

最后，我必须要特别感谢全国著名教育改革家、特级教师魏书生老师在百忙之中为本书题词。魏老师的题词是对我莫大的鼓励和鞭策，我将一如既往，不懈努力，取得好成绩，以慰恩师！

刘毅

2017 年 7 月